Primera edición: Febrero de 2015

© Catalina Magallanes - Jacobo Pregitzer

ISBN: 978-1507844533

Catalina Magallanes

Jacobo Pregitzer Zerpa

TEMAS DE EXTRANJERÍA

Recopilación de artículos en materia de inmigración
y extranjería en España

2011-2012

Asociación Iberoamericana
para la Integración Social INTEGRA

Barcelona, 2015

ÍNDICE

INTRODUCCIÓN

Los artículos que se presentan a contiación constituyen una recopilación de varias publicaciones realizadas por Catalina Magallanes y Jacobo Pregitzer Zerpa en el blog de Actualidad en Inmigración y Extranjería (integraextranjeria. blogspot.com) en el período 2011-2012; trabajo proyectado desde la Asociación Iberoamericana para la Integración Social INTEGRA, los cuales se presentan en el mismo orden cronológico de su publicación en línea.

La publicación de los mismos en aquel momento en formato digital y ahora físico, representan breves testimonios de la realidad española en la materia de inmigración y extranjería de esos años, que en su conjunto exponen las directrices del gobierno en esa área y las circunstancias de índole jurídica que progresivamente fueron variando en ese intervalo de tiempo.

A los efectos de su publicación impresa se han efectuado revisiones sobre los mismos y ampliaciones en puntos que los autores consideran pertinente pero sin modificar la esencia de los artículos en su momento.

LA MODIFICACIÓN (NO RENOVACIÓN) DE LAS AUTORIZACIONES DE ARRAIGO SOCIAL, FAMILIAR Y LABORAL

Por: CATALINA MAGALLANES

Octubre 2011

Con el nuevo reglamento de la Ley de Extranjería los procedimientos de residencia por circunstancias excepcionales, específicamente en materia de arraigo han sufrido cambios relevantes con relación al reglamento anterior, mientras que otros procedimientos se vieron seriamente restringidos, los de arraigo al parecer se flexibilizaron.

No obstante, al iniciar un procedimiento de arraigo (Social, Familiar o Laboral) la resolución favorable otorga no solo el permiso de residencia sino a su vez la autorización de trabajo, con las excepciones que establece el artículo 129 RELOEX.

Por su parte, esa autorización de residir y trabajar se encuentra temporalmente limitada en el tiempo a un año a partir de concesión de la misma por la Administración, una vez concluido dicho año el propio reglamento establece que los extranjeros titulares de una autorización de residencia por circunstancias excepcionales que deseen continuar en España, deben realizar el trámite procedente, el cual será una modificación y no una renovación, dicha modificación se hace solicitando una autorización de residencia inicial o de residencia y trabajo inicial, según sea el caso.

Adelantándonos un poco en lo que será el año venidero, una vez llegado el vencimiento de los arraigos concedidos desde la entrada en vigor del reglamento 557/2011, debemos partir de dos escenarios totalmente diferentes al momento de solicitar la modificación, en tal sentido tenemos:

En primer lugar si se modifica a un régimen sin contrato de trabajo, es decir solicitando únicamente una autorización de residencia, el procedimiento llamado "Autorización Inicial de residencia temporal no lucrativa" se tramitara ante la oficina de extranjeros de la Subdelegación de Gobierno, es decir ante la Administración General del Estado.

La modificación deberá solicitarla el propio extranjero, acreditando los siguientes extremos: encontrarse dentro de los 60 días anteriores al vencimiento de la autorización o 3 meses posteriores a la misma, en este último caso bajo penalización.

Igualmente, deberá acreditar los medios de vida suficientes[1] y cobertura de asistencia sanitaria, carecer de antecedentes penales en España y en el caso de tener menores a cargos en edad de escolarización (6-16 años) presentar el certificado de escolarización, el cual emite el propio centro educativo bajo un modelo único.

La autorización concedida será considerada como inicial con la salvedad de ser otorgada por dos (02) años. En el caso de no obtener respuesta en el plazo de tres meses, el silencio administrativo se considerará negativo.

En segundo lugar, y siendo la más relevantes de las modificaciones en materia de arraigo, tiene lugar cuando el Permiso de Residencia Temporal por circunstancias Excepcionales se modifica a una Autorización Inicial de

---

[1]   Según la hoja informativa Nº 88 de la Subdirección General de Gestión de la Inmigración, los medios de vida suficientes consisten en: "para atender sus gastos de manutención y estancia, incluyendo, en su caso, los de su familia, sin necesidad de desarrollar actividad laboral. Si en la concesión de la autorización inicial de un arraigo social se le eximió del contrato de trabajo amparado en los ingresos de un familiar o aún cuando se aportara dicho contrato de trabajo, ahora se justifica que los gastos de residencia se los sufraga un familiar se le exigirá, en ambos supuestos, el porcentaje del 100% del IPREM establecido para la renovación de la reagrupación familiar. En el resto de los supuestos de modificación de autorización de circunstancias excepcionales a la situación de residencia no lucrativa se exigirá el 400% del IPREM."

Residencia y Trabajo (bien sea por cuenta ajena o propia) la cual se solicitará ante la oficina de extranjeros de la Subdelegación de Gobierno; en el caso de Cataluña, al haber asumido dicha Comunidad Autónoma las competencias en materia de autorizaciones iniciales de trabajo por cuenta propia o ajena de personas extranjeras que desarrollen su relación laboral en el ámbito de esta Comunidad el procedimiento se instará ante los registros correspondientes de la Generalitat de Catalunya.

La modificación deberá solicitarla el propio extranjero, y variará según si la autorización por arraigo trae aparejada la habilitación para trabajar o no, explicamos brevemente la primera.

En el caso de estar habilitado para trabajar, deberá realizar la modificación solicitando una autorización inicial de residencia y trabajo por cuenta ajena, debiendo al momento de solicitar la modificación acreditar los siguientes extremos: ser titular de una autorización de residencia por circunstancias excepcionales habilitado para trabajar, igualmente deberá carecer de antecedentes penales en España o haber cumplido la condena (circunstancia que se valorará) y en caso de tener a cargo menores en edad escolar obligatoria, presentar certificado de escolaridad.

Adicionalmente tendrá que acreditar alguno de los siguientes supuestos:

- Que continúa con la relación laboral originaria de la autorización de arraigo, presentando el contrato, vida laboral o certificado de empresa.

- Haber cotizado al menos seis meses y al momento de solicitar la modificación encontrarse nuevamente dado de alta con un nuevo contrato presentando copia de este último.

- Que ha cotizado al menos tres meses en el año y que la

relación laboral se interrumpió por culpa exclusiva de la empleadora y que durante el resto del año fue demandante de empleo activo.

- Que sea titular de una prestación económica asistencial con fines de inserción social y laboral.

- O, que su cónyuge o pareja cumple con los requisitos para reagruparlo, acreditando el vínculo e ingresos económicos.

En caso de no poder acreditar la cotización suficiente o estar demandando empleo, es conveniente presentar informe emitido por el órgano competente del lugar de residencia, en el cual acredite el esfuerzo de integración.

EL CERTIFICADO DE REGISTRO DE CIUDADANO DE LA UNIÓN "NIE COMUNITARIO" Y EL SENTIDO DE CIUDADANÍA EUROPEA

Por: JACOBO PREGITZER ZERPA

Noviembre 2011

Conforme al artículo 7 del Real Decreto 240/2007[1] se establece que los ciudadanos de algún país miembro de la Unión Europea que tengan intención de residir por un periodo superior a 3 meses en el territorio español deberán en el plazo de 3 meses desde su entrada en España inscribirse en el Registro Central de Extranjeros, emitiéndosele en forma inmediata el llamado Certificado de Registro de Ciudadano de la Unión, que hará constar la inscripción en el registro mencionado. Este certificado a su vez otorgara el Número de Identidad de Extranjero (NIE), la fecha de expedición, datos personales, su nacionalidad y domicilio, no obstante el mismo documento señala expresamente que es un "Documento no válido para acreditar la identidad ni la nacionalidad del portador", careciendo a todos los efectos de validez como documento identificativo.

En este sentido, desde el 02 de abril 2007 se suprimió la necesidad de obtener una tarjeta de residencia por parte de los nacionales de un país miembro de la UE con intención de residir por un periodo superior al señalado, y para aquellos residentes europeos que teniendo la antigua tarjeta aún vigente, podrán facultativamente esperar hasta finalizar la vigencia de la misma para solicitar su Certificado de Inscripción en el Registro, por ende se ha sustituido la llamada tarjeta de comunitario que se emitía

1   Real Decreto 240/2007, de 16 de febrero, sobre entrada, libre circulación y residencia en España de ciudadanos de los Estados miembros de la Unión Europea y de otros Estados parte en el Acuerdo sobre el Espacio Económico Europeo.

bajo el amparo de todos los anteriores Reales Decretos, tales como el 178/2003, de 14 de febrero, Real Decreto 766/1992, de 26 de junio y el Real Decreto 737/1995, de 5 de mayo, que modificaba aquel, o inclusive el Real Decreto 1099/1986, de 26 de mayo.

El mencionado certificado al no identificar a su titular ni acreditar la nacionalidad, tales extremos solo pueden ser avalados a través de la documentación identificativa de su país de origen, por lo tanto el certificado de registro de la unión deberá siempre acompañarse con el pasaporte o documento nacional de identidad en vigor del país de origen. En este sentido puede decirse que el certificado será un documento que solo hará constar la inscripción en el registro de extranjeros, emitirá el número de NIE y será a su vez una de las principales pruebas de su residencia legal en el territorio Español.

Este cambio en la normativa española relativa a los ciudadanos de la Unión tiene su origen en la transposición hecha de una norma comunitaria, específicamente de la Directiva 2004/38/CE,[2] la cual en su considerando 12, establece "Para períodos de residencia superiores a tres meses, los Estados miembros deben poder requerir el registro del ciudadano de la Unión ante las autoridades competentes del lugar de residencia, acreditado por un certificado del registro a tal efecto." Por su parte, en el artículo 8 de la Directiva se establece los requisitos para la emisión del referido Certificado los cuales coinciden con la norma de derecho interno.

Dicha transposición realizada por el Real Decreto 240/2007[3] al establecer la emisión del certificado de

---

[2]   Directiva 2004/38/CE Del Parlamento Europeo y Del Consejo de 29 de abril de 2004 relativa al derecho de los ciudadanos de la Unión y de los miembros de sus familias a circular y residir libremente en el territorio de los Estados miembros, por la que se modifica el Reglamento (CEE) n° 1612/68 y se derogan las Directivas 64/221/CEE, 68/360/CEE, 72/194/CEE, 73/148/CEE, 75/34/CEE, 75/35/CEE, 90/364/CEE, 90/365/CEE y 93/96/CE.

[3]   Los Estados miebros de la Unión Europea han realizado al igual que España

registro no ha hecho más que aplicar literalmente el contenido de la directiva; si bien en muchos aspectos en cuanto a la estancia y residencia, entre otros, de los sujetos a dicha normativa resulta más innovadora, el documento mediante el cual se otorga la misma ciertamente y como cualquier ciudadano Europeo no Español residente en España lo sabe, se ha producido un profundo retraso en la materia.

La dinámica que nos impone la sociedad hace que diariamente debamos portar y a su vez acreditar nuestra identificación, motivo por el cual el extranjero comunitario en España como portador de tal certificado encuentra muchos inconvenientes al momento de acreditar tal circunstancia, ya que al momento de realizar un trámite en el que su NIE sea requerido el mismo debe siempre acompañarse con el documento de su país de origen, bien sea pasaporte o el carnet de identidad del país de la unión como se ha dicho anteriormente, presentándose una dificultad que radica no solo en el tamaño del mismo (un folio Din A4) y su fácil deterioro en caso de portarse diariamente, sino en deber acompañarse con los documentos señalados, que al residir en un Estado diferente al de origen su pérdida comporta en muchos casos un trámite complejo cuando no imposible de obtenerlos nuevamente en otro Estado por medio de las vías consulares en los países de origen, aunque en muchos casos puntuales ciertos Estados tramitan en forma diligente la misma, en otros su retraso es conocido, creando la permanente zozobra como la del turista respecto de sus documentos de viaje. Actualmente se está comenzando a emitir un nuevo certificado en tamaño carné (modelo ID-1), aunque con las mismas características indicadas, el cual desde el 13 de abril se viene en principio emitiendo en las provincias de la Comunidad Autónoma de Castilla y León,

la transposición al derecho interno de la referida Directiva, para más información de las normas de cada Estado de la Unión en la materia: http://eur-lex.europa.eu/Notice.do?va l=413846:cs&lang=es&list=413846:cs,&pos=1&page=1&nbl=1&pgs=10&hwords=&checkt exte=checkbox&visu=#texte

teniéndose previsto su implementación progresiva en el resto del territorio nacional tal como se ha ido constatando.

Al considerarse que quienes obtienen el mencionado certificado lo hacen en su mayoría con el pasaporte, será este el que deba acompañarse al momento de ser requerido el llamado NIE o certificado, ya que el carnet de identidad es por lo general un documento que se emite en el propio país y no por vía consular o análoga, y por ende implica siempre portar el pasaporte en estos trámites, ya que al tener el extranjero cierto tiempo residiendo en el extranjero el carnet de identidad que tenga probablemente se encuentre vencido, lo que hace que sea el pasaporte por su naturaleza propia el que aún se mantenga como el documento para la identificación de un nacional en el extranjero; si bien el ciudadano comunitario sigue siendo a pesar de la ciudadanía europea en España, un Extranjero, el sentido de ciudadanía europea ha de replantearse en base a los criterios de cómo se han de identificar los ciudadanos de la Unión.

Esta situación deriva en principio como un problema de identificación, recordando que ésta en muchos casos nos permite el acceso a determinados servicios y derechos fundamentales, puesto que "la identidad legal implica tanto el ser ciudadano como el propio sentido de pertenencia y la capacidad de ejercer los derechos y obligaciones"[4], tanto en el ámbito público como privado, que a pesar del artículo 25 de la Directiva 2004/38/CE señale que la posesión del certificado en estudio no puede constituir una condición previa para el ejercicio de un derecho o la realización de un trámite administrativo, la práctica nos indica todo lo contrario.

Si hacemos un breve paréntesis para señalar una comparativa, totalmente valida, de como sería la

---

4   Mia HARBITZ, Gobernabilidad Democrática, ciudadanía e identidad legal, Banco Interamericano de Desarrollo, 2009, pág. 5.

identificación que recibiría cualquier nacional de un país miembro de la Unión Europea en algún otro país de la propia Unión distinto de España, encontraríamos:

En Austria, el LICHTBILDAUSWEIS FÜR EWR-BÜRGER es el documento de residencia expedido a nacionales de la Unión Europea y a nacionales de Islandia, Liechtenstein, Noruega y Suiza residentes en Austria, el cual consiste en una tarjeta con fotografía, datos personales y número de identificación, igualmente y en los mismos términos Bélgica expide la E KARTE/CARTE E/E KAART; Suecia la IDENTITETSKORT, acreditativa de la identidad y se expedirá a nacionales de Suecia o a nacionales extranjeros legalmente residentes y lo emite la Agencia Tributaria a las personas inscritas en el registro de la población. Polonia por su parte, emite la KARTA POBYTU OBYWATELA UNII EUROPEJSKIEJ/EOG que será el carné y documento de residencia que se expide a nacionales de la Unión Europea residentes en ese país; en la mismas condiciones Estonia emite la ISIKUTUNNISTUS, en Rumanía la CARTE DE REZIDENȚĂ PERMANENTĂ PENTRU CETĂȚENII UNIUNII EUROPENE, entre otros.

En Francia, es voluntaria la solicitud de una tarjeta de residencia, pero de ser solicitada la misma ha de ser otorgada, por su parte y con un régimen parecido al Español encontramos en Hungría el REGISZTRÁCIÓS IGAZOLÁS EGT-állampolgár részére (Certificado de registro de los nacionales del EEE), el cual es válido junto con el documento de viaje utilizado para entrar, sin embargo en sus dimensiones es de tamaño carné al igual que el nuevo certificado de registro de ciudadano de la Unión Español, aunque en la práctica el Certificado Húngaro funciona como documento identificativo.

Desde la normativa Europea o al menos de lo que se puede deducir de este conjunto normativo, se ha buscado crear una base jurídica para la identidad de los vínculos que los Estados miembros poseen, el sentido de una ciudadanía Europea no solo como sentimiento sino como un reconocimiento a su vez de derechos entre todos los Europeos, lo cual ha delineado una concepción de ciudadano Europeo que trata de optimizarse paralelamente al gran recorrido de integración con un conocimiento de las semejanzas y diferencias reciprocas que concluyen en un ciudadano titular de deberes y derechos en las mismas condiciones en cualquier Estado miembro en donde pueda encontrarse, al especificarse que "esta ciudadanía hace más profundo y tangible el sentido de pertenencia y su capacidad integradora",[5] se deriva la importancia de esa ciudadanía que ha sumarse como todos sabemos a la nacional, la cual completa.

Tal atribución jurídica que se hace subjetivamente a cada nacional de un país miembro, conlleva lógicamente el reconocimiento de la normativa Europa donde especialmente el derecho a la libre circulación y residencia materializa el panorama deseado respecto a las fronteras internas y a la integración que se desea, "uno empieza a ser ciudadano europeo cuando se siente europeo, y si la legislación se lo permite, lo facilita y lo garantiza, entonces se consolida la realidad de la ciudadanía europea efectiva."[6]

Esta ciudadanía por el vínculo que crea relaciona directamente un sentido político, en la obligación de los poderes públicos de cada país miembro de garantizar la dignidad humana, a través de todos los derechos que tal condición conlleva y más allá, es decir respecto de aquellos derechos económicos, sociales y culturales que frente a un aparente pequeño detalle cómo puede ser el certificado de registro de un ciudadano europeo en España que puede conllevar más que un problema cotidiano de identificación,

---

5   Felipe RUIZ ALONSO, Europa: Un nueva identificación ciudadana, en Educación y futuro: revista de investigación aplicada y experiencias educativas, Nº. 13, 2005, pág. 30.
6   Ibid, pág. 26.

una limitación de las libertades reconocidas e incluso una discriminación desde la óptica que se quiera mirar; todo implica necesariamente una necesidad de reforzar el sentimiento de la Unión a través de todos los medios, no solo desde la normativa europea sino desde la de cada uno de los Estados que la integran y en la actuación material de los mismos.

El régimen de extranjería en la Unión Europea, al menos en materia de visados ha ido de la mano o al menos tratado de mantener un criterio uniforme sobre las políticas del espacio común y fronteras externas de la Unión, sin embargo respecto al régimen comunitario existe una total dispersión y diferencias que so pretexto de no existir tales fronteras, en esta y muchas otras cosas más no existe la debida diligencia en plantear, mantener y concretar parámetros comunes respecto a la identificación de los nacionales de países miembros de la Unión cuando residan en otro país miembro.

Un tema de esta naturaleza resulta poco tratado en círculos académicos o de otra índole, ya que suficientes problemas de mucha mayor envergadura existen por analizar en el ámbito de la extranjería, no obstante y pese a la ciudadanía europea, estos al estar en otro estado miembro distinto al de su origen son y serán extranjeros, y pese a que todos los trámites y análisis en esta materia, tratando de dejar a un lado los derechos fundamentales y la naturaleza humana en sí, comienzan y terminan respecto a un papel o documento que acredite un estatus a una determinada persona, un análisis de esta naturaleza no constituye ninguna excepción.

Si bien los comunitarios tienen un régimen mucho más amplio y favorable que cualquier otro extranjero en el territorio Español y que la polémica planteada puede parecer caprichosa, no es menos cierto que un simple papel bajo los aspectos planteados puede ser motivo de muchos inconvenientes y hasta de la ya mencionada discriminación; parece una evidencia clara de hacer sentir un turista o foráneo a toda costa al ciudadano europeo, en tiempos en que el propio estatus de extranjeros de terceros estados entra en un debate que poco a poco parece no sostenerse y que hacer sentir al ciudadano comunitario como alguien que no posee ese estatus, echando por tierra cualquier sentido de integración como origen y efecto que le otorga mucho más sentido a la ciudadanía Europea.

Dentro de la política de inmigración que pareciera buscar constantemente orientarse hacia afuera, mal podría hacerlo cuando internamente aún quedan asuntos pendientes.

LOS MENORES ESPAÑOLES COMO CIUDADANOS EUROPEOS Y SUS PROGENITORES EXTRANJEROS, LA EXCLUSIÓN DE DERECHOS DERIVADA DE ESA RELACIÓN.

Por: CATALINA MAGALLANES

Noviembre 2011

En materia de extranjería nos hallamos con dos vías de acceso legal para la regularización de aquel extranjero que pretende residir en España, el régimen comunitario para los nacionales de los estados miembros de la UE y sus familiares y el régimen general para los nacionales de terceros países o extracomunitarios.

Desde el año 1999 hasta la actualidad los nacimientos fueron en aumento, llegando a su punto máximo histórico en el año 2009 al colocarse España entre los países europeos con mayor natalidad. El diez por ciento de los niños nacidos en España llegaron a ser de madres extranjeras, considerando que la población extranjera representa el cuatro por ciento del total, duplicándose la tasa de nacimiento de estas últimas.

En el 2002 la mitad de los menores nacidos fue de mujeres extranjeras americanas, seguida de las africanas, y luego las europeas. Los últimos datos oficiales del Instituto Nacional de Estadísticas (INE) en 2006 determinaron que los nacimientos de ese año fueron de 79.169 niños y 57.547 tuvieron como progenitor extranjero tanto a la madre como al padre llegando a unos 30.703 latinoamericanos.

El crecimiento de los nacimientos en los últimos diez años fue del 33% y solo el 14,58% fueron de madres españolas.

Desde que se restringió el derecho de residencia por ser progenitor de ciudadano español, a la actualidad (2005-2011) según los datos más recientes del INE sobre el Movimiento Natural de la Población, las madres inmigrantes procedentes de países latinoamericanos que más han contribuido al crecimiento reciente de la natalidad en España son las ecuatorianas (8.999), colombianas (4.723) y bolivianas con 4.165 nacimientos.

Los nacimientos de madres extranjeras continúan en aumento, mientras que en 2004 fue del 13,78% y en 2005 del 15,07%, en 2006 alcanzó el 16,46%; las proyecciones del Instituto de Política Familiar (IPF) basado en estadísticas oficiales establecieron que uno de cada cuatro nacimientos en España en el año 2010 vendrían a ser de madre extranjera.

En este sentido, en el 2010 dieron a luz más de 100.000 madres extranjeras las cuales proceden en su mayoría fueron Marroquíes, seguidas de Rumanas, Ecuatorianas y Colombianas, siendo los padres en su mayoría coincidentes con la nacionalidad de la madre.

Las comunidades con mayor nacimiento de hijos de extranjeros o al menos uno de los progenitores extranjeros son Cataluña, Andalucía y la Comunidad Valenciana, seguidas de otras.

Tomando como referencia a los países de madres latinoamericanas con mayor nacimiento, tales como Ecuador, Colombia y Bolivia, este último hasta el 2008 no otorgaba la nacionalidad a hijos de nacionales nacidos en el extranjero y posteriormente Ecuador, actualmente de estos tres países Colombia no otorga nacionalidad y otros países latinoamericanos como Argentina, Chile, Uruguay, Paraguay, entre otros, por ende a sus hijos se les otorga la nacionalidad española.

Estos tres países tomados como referencia (Ecuador, Bolivia y Colombia) solo en el 2006 tenían en conjunto alrededor de 17 mil menores españoles y ciudadanos europeos hijos de extranjeros latinoamericanos, de los cuales en el 2010 se presumen 100 mil nacimientos y alrededor del 50% de ellos son hijos del colectivo de referencia, por ende ya tenemos desde el 2006 al 2010 cerca de 50.000 españoles con padres extranjeros latinoamericanos, de estos cincuenta mil se estima que del 20% uno de los progenitores o ambos se encontraba irregular sin derecho a regularizarse por el extraordinario hecho de ser progenitor de ciudadano español y responsable de velar por el bienestar y buen desarrollo del menor como las leyes terrenales y divinas lo indican.

Con la reciente reforma de la Ley de extranjería Española y su reglamento, se habilito la vía para que estos progenitores se regularicen por la circunstancia excepcional de ser progenitores de ciudadano español solicitando el arraigo familiar, pero con la restricción de acceder al régimen general de extranjería y no al comunitario como debería de ser, por ser estos menores además de españoles, ciudadanos de la Unión Europea.

Regularizarse a través de esta vía significa precariedad, inestabilidad, restricción a los derechos del menor y su familia.

A partir de septiembre del 2012 comienzan a vencer los arraigos familiares solicitados bajo la vigencia del nuevo reglamento de extranjería (Real Decreto 557/2011) , y estas residencias temporales por circunstancias excepcionales solo pueden ser modificadas ya que no se renuevan, y dado que el trámite de modificación exige medios de vida suficientes, ingresos económicos propios, de un familiar directo o contrato de trabajo con determinadas exigencias entre otros requisitos, hace dentro del esquema social actual que devenga en irregularidad la situación de permanencia del progenitor; en el caso de Cataluña la competencia la tiene la atribuida la comunidad autónoma, por ende si el progenitor no cuenta con las condiciones legalmente exigidas ¿qué sucederá?, puesto que está acreditado que los expedientes son tratados solo como números, cuando en realidad debería dársele un trato individual a cada expediente debido al hecho que detrás de cada expediente hay un sinfín de situaciones particulares a considerar en especial y puntualmente el hecho de ser progenitor de un menor a cargo de nacionalidad Española y consecuentemente un Ciudadano Europeo más, con todo el peso que esta otra ciudadanía implica.

¿Cómo se trataran estas situaciones?, tal incógnita, incertidumbre, preocupación o como queramos llamarle nos indican el destino de estos miles de extranjeros progenitores de ciudadanos europeos que no reúnan las exigencias del trámite de modificación que no exige los mismos requisitos que el procedimiento originario de la residencia a modificar, puesto que el arraigo familiar solo se demuestra a través del vinculo, convivencia con el menor y falta de antecedentes penales en España y el país de origen del progenitor. ¿Tendría que volverse a tramitar un arraigo familiar, e iniciarse nuevamente como residente por circunstancias excepcionales?

Es de suponer que por lógica deberán renovar, puesto que la modificación exige condiciones económicas y la situación del país no indica mejoras para el año venidero.

La concesión de nacionalidad por nacimiento en el año 2007 llego a un 5,39% respecto de los motivos de concesiones de nacionalidades (residencia, nacimiento), los progenitores mayoritarios son los Ecuatorianos, Colombianos, Marroquíes, Bolivianos estos tres países latinoamericanos no otorgaban la nacionalidad a los hijos de nacionales nacidos en el extranjero, por ende todos esos niños fueron nacionales españoles ciudadanos de la UE, y sus padres en gran mayoría constituyen sujetos de posibles procedimientos de arraigo o de modificaciones, según sea el caso.

Estos progenitores deben gestionar su regularidad por el régimen general, el cual está condicionado a un sinfín de limitaciones y en particular inestabilidad, condicionando su renovación (actualmente modificación) a un contrato o medios económicos y carencia de antecedentes penales en España para el progenitor y consecuentemente el menor que depende de su progenitor por el hecho de su minoridad, necesita mayor protección y un tratamiento preferente puesto que el estado debe ajustar su normativa interna, en materia de menores, al mandato de la Convención sobre los Derechos del Niño, … atendiendo a lo mejor para el niño…. y garantizando su bienestar y buen desarrollo, así lo indica la Convención que constituye la base de su protección universal, con aplicación obligatoria tanto para los Estados, los cuales deben garantizar su aplicación a cada niño sujeto a su jurisdicción, asegurando a su vez a los progenitores las condiciones para poder proteger a sus hijos a su cargo y garantizar su buen desarrollo y nivel de vida adecuado.

La actitud discriminatoria de parte del legislador a nivel de tratamiento de familiares comunitarios, se ejemplifica para su mejor compresión con la situación con un extranjero irregular, progenitor de un menor a cargo español y ciudadano europeo, en la misma situación de irregularidad pero casado con ciudadano español, el cual accede al régimen comunitario, el mismo progenitor con padre o madre español también accede al régimen comunitario, increíblemente no es así al ser progenitor de un niño español, debiendo regularizar su situación por el régimen general con todas las limitaciones e inestabilidades señaladas, las cuales son inherentes a este régimen, sin dejar a un lado el riesgo permanente de caer en situación de irregularidad nuevamente por no poder modificar o a futuro renovar.

La propuesta ha de entenderse y razonando toda la legislación que rodea el tema, que ha de ser sencilla y lógica, al establecer las políticas migratorias el legislador debería ante todo respetar (o conocer) la legislación interna, comunitarias e internacional, y específicamente en materia de menores ha de ser cuidadoso y orientarse en el mismo sentido que las leyes protectoras de los niños, puesto que son un colectivo vulnerable que necesitan mayor protección ya que la normativa de esta materia siempre va en función del interés superior del menor.

Marginar a los padres de los niños españoles hijos de extranjeros extracomunitarios o excluirlos de la legislación pertinente o derivada de la situación nacional del hijo, es inéditamente marginar al ciudadano español comunitario excluyendo a sus propios nacionales, tanto a nivel comunitario como el régimen general, debe considerarse el dar un tratamiento individualizado a los expedientes, tener un margen de consideraciones especiales, puesto que se cometen atrocidades dejando a familias enteras en situaciones de vulnerabilidad y exclusión social.

NUEVO GOBIERNO Y CAMBIOS EN MATERIA DE EXTRANJERÍA

Por: CATALINA MAGALLANES
JACOBO PREGITZER ZERPA

Noviembre 2011

Considerando la estimación de que en España actualmente se encuentran alrededor de unas 600.000 a 700.000 personas en situación irregular en búsqueda de alguna forma de encontrar el camino a la regularidad, de esas personas un gran porcentaje supera los tres años de permanencia encontrándose en la actualidad irregularmente sin interesar si inicialmente su ingreso estuvo bajo algún supuesto de estancia o residencia legal, no existiendo una vía para regularizarse debido a las restricciones de la normativa en extranjería que condiciona la residencia a un contrato de trabajo.

En base a las declaraciones que últimamente han hecho eco en el mundo de extranjería en España, específicamente por parte de portavoces del PP referentes a las intenciones de modificar la normativa en esta materia, antes de cualquier cambio debería pensarse en las siguientes situaciones:

En primer lugar, verificar los resultados obtenidos en base al Real Decreto 557/2011, el cual aproximadamente tiene un plazo prudencial de acuerdo a la experiencia y a los parámetros de medición de los observatorios en extranjería de dos años.

En segundo lugar, habrá de pensarse o informarse en el número de personas que ya se están quedando en situación de irregularidad por la situación económica al no poder cotizar los mínimos exigidos para las renovaciones o modificaciones, debido a que las mismas están condicionadas a unos periodos de cotización u otras circunstancias que muchas veces no pueden acreditarse, pese a la flexibilización introducida con la reforma reglamentaria de 2011.

Otro panorama que preocupa son las futuras modificaciones de los arraigos familiares concedidos este año, visto que la continuidad está condicionada a una modificación que requiere indispensablemente de un contrato o medio económico; a su vez un gran porcentaje de estos progenitores no reúnen las condiciones económicas en ese momento, y todo esto bajo la vigencia de la actual normativa. En el futuro si es que se llevan a cabo nuevos cambios que restrinjan aún más el acceso a la regularidad de los extranjeros irregulares, este supuesto no sería muy prometedor, ya que es un defecto de fondo del actual reglamento en relación con la normativa europea y si la intención es la señalada bien pueden dejarlo como se encuentra actualmente.

Con relación a la reagrupación familiar, el cuestionamiento al mismo como factor facilitador de la inmigración irregular de alguna posición política evidencia un desconocimiento del tema y de la normativa a nivel del derecho de la Unión Europea e Internacional, puesto que el reagrupado vendrá en forma regular y se mantendrá en esa condición mientras el reagrupante se encuentre residiendo en forma regular, ya que de este último depende la residencia de aquel; no ha de olvidarse que la Convención Europea de Derechos Humanos y el propio Tribunal Europeo de Derechos Humanos defienden el derecho a vivir en familia o a la unidad familiar, siguiendo la filosofía de la Declaración Universal de los Derechos Humanos que define la familia como "El elemento natural y fundamental de toda sociedad con derecho a la protección de la sociedad y del Estado".

Es momento de recordar que si hacemos una lectura de la

ley y su reglamento ya encontramos en lo referido al arraigo social que el mismo es una circunstancia excepcional, y aquellos que nos dedicamos a este arduo trabajo de regularizar a los inmigrantes, el arraigo y específicamente el social constituye una de los pocos instrumentos más idóneos y viables para la regularización, aunque sabemos que no siempre el mismo es utilizado como un medio para regularizarse por primera vez, también es un medio muy utilizado para recuperar la residencia perdida por distintos motivos; en este sentido, la posibilidad de endurecer el procedimiento respecto a la situación de irregularidad sea permitida solo la sobrevenida o desde su entrada al territorio español, es viable sin necesidad de algún trámite a nivel legislativo y por su parte en el supuesto de extender el tiempo de estancia para el arraigo, bajo el mismo criterio anterior podría ser establecido sin mayor problema. La cuestión radica en mantener la naturaleza jurídica del arraigo social, precisamente como una medida de solventar la irregularidad de muchos extranjeros y evitar la irregularidad crónica en España, acreditándose eso sí, un vinculo o una inserción en la sociedad, no obstante, hasta ahora son solo hipótesis, pero que con seguridad este será una de los principales procedimientos que tendrán como objetivo en futuras modificaciones, incrementándose no su finalidad de regularización sino su excepcionalidad.

Sin embargo, mediante el arraigo no solo se han regularizado un gran número de personas, también han podido incorporarse nuevos cotizantes a la seguridad social bajo el régimen general, que tradicionalmente tomando el ejemplo de empleados del hogar, siempre han estado al margen de su regulación e incorporación al sistema de seguridad social y en siendo en una sociedad como la Española un puesto de trabajo que en gran parte lo desempeñan extranjeros, la modificación podría generarse a la relación laboral de carácter especial del servicio del hogar familiar y no al reglamento de extranjería, esto aclaramos, constituye una hipótesis.

Igualmente, frente a las posiciones de ofrecer ayudas al retorno voluntario o mantener la situación de residencia y las autorizaciones de trabajo a extranjeros que retornen a su país de origen en caso de regreso posterior a España, debe considerarse que las personas que retornan o retornaron a su país por estos mecanismos no son precisamente en su mayoría las que estaban irregular, por lo tanto el fomentar el retorno bajo estas circunstancias y restringiendo la regularización de los que se encuentran en territorio español, simplemente crearía una situación crónica de irregularidad.

Siguiendo la lectura de la normativa en extranjería se evidencia la ya existencia del visado de búsqueda de trabajo y sería interesante antes de establecer modificaciones en este punto, ver las estadísticas en cuanto a la demanda de este tipo de solicitud y la utilidad real como un mecanismo de regularizar los flujos migratorios, ya que buscar enaltecer políticamente este tipo de visados implicaría la posibilidad de restringir a niveles inesperados las otras vías de ingreso al territorio español.

En cuanto a las ya 70.700 personas que se regularizaron en este año aproximadamente, según la situación actual y las restricciones impuestas con el método de modificación y no renovación para las que derivan de circunstancias excepcionales, el panorama como se ha dicho no es prometedor, y de no flexibilizarse esta situación en función de parámetros reales, un porcentaje altísimo volverá a quedar en situación irregular y el arraigo volverá a constituirse ya no en un medio de regularización sino de renovación constante, siempre y cuando este último no sea modificado o suprimido. Por este motivo de acuerdo a las declaraciones de de uno de los portavoces mencionado, específicamente Rafael Hernando, en que la "No puede ser que se regule a 70.000 personas por arraigo cuando no hay empleo en el país" (Diario El País, 25/11/2011) es de recordar nuevamente, respecto a lo que importa políticamente, que tales regularizaciones implicaron cotizaciones para contribuir al sistema en la justa medida de la cantidad que implica, que respecto al margen trimestral de la seguridad social, dicha cantidad de aportes resulta pequeño para lo que podría ser en realidad. Mantener al inmigrante en situación irregular favorece una economía sumergida, la explotación y a su vez a grandes violaciones a los derechos de estas personas lo que nos hace recordar los informes de la Organización de las Naciones Unidas y otros organismos oficiales que ya lo han indicado y lo siguen sosteniendo, que la inmigración es necesaria para Europa y en especial para España por la creciente población anciana.

Con relación al sistema de inmigración circular que se comenta, ya ha sido un fracaso en otros países, por lo tanto hay que dejar de apostar por medidas que solo ocasionaran mayores problemas y pérdidas de tiempo, gasto administrativo y que finalmente desestabilizará a la población inmigrante con todas las consecuencias que eso lleva aparejado, por el contrario habrá de apostarse por otras medidas más oportunas e idóneas con la actualidad. La bandera política que implica cambios de esta naturaleza para un pequeño grupo dentro de una representación política es evidente, no solo para hacer creer que esto es parte de la solución de un problema de muchas dimensiones, sino también para disponer un objetivo humano de culpabilización que resulta apto para el político y para el ciudadano que cree en el plan de aquel, ya que el extranjero individual o colectivamente estará sometido de alguna forma a la sociedad de aquellos dos, pero como viene ocurriendo en toda la historia de las estructuras sociales, siempre en los extranjeros ha recaído las primeras medidas de control y la culpa de problemas que realmente tienen sus causas en cuestiones de distinta naturaleza.

Como bien conocemos, los flujos circulares de inmigración tienen pocas posibilidades de dejar marcas en la estructura social y cultural en las sociedades receptoras, pero su asentamiento permanente sea cual sea el tamaño de esa población generará un impacto mayor en las estructuras, por lo tanto es tarea de un buen plan de gobierno el saber orientar las mismas, radicando lo esencial muchas veces en medidas de regular la situación de dichas personas y fomentar la integración de los que ya se encuentran dentro del territorio nacional.

Por su parte, Inmigración y empleo, la vinculación de ambas cuestiones que ya desde el 2008 son elementos inherentes que van de la mano, y de una regularización que difícilmente se logra sin el empleo o contrato, si como excepción a este último se pretende basar la regularización al condicionarla al sistema nacional de empleo o catalogo de difícil ocupación las puertas por ese camino ya están cerradas desde hace mucho tiempo.

Esperemos que esto no pase de ser una idea, ya que las consecuencias pueden resultar más perjudiciales que beneficiosas a la sociedad.

LA ENFERMEDAD SOBREVENIDA COMO CIRCUNSTANCIA EXCEPCIONALÍSIMA

Por: CATALINA MAGALLANES

Diciembre 2011

Entre las posibilidades que dispone un extranjero para obtener una residencia temporal, la LOEX[1] faculta a la administración para conceder una autorización administrativa de este tipo por razones humanitarias al referirse a las circunstancias excepcionales.

El RELOEX[2] determina todas las circunstancias excepcionales, señalando los supuestos de arraigo, protección internacional, razones humanitarias, colaboración con autoridades públicas, razones de seguridad nacional o interés público, regulando cada uno de ellos.

En lo que a razones humanitarias se refiere, concretamente el caso de una enfermedad sobrevenida de carácter grave, el RELOEX establece las condiciones para solicitarla, indicándose la imposibilidad de recibir la asistencia sanitaria en el país de origen del extranjero, o que de ser interrumpida suponga un grave riesgo en la salud o vida de esa persona, por su parte, tales circunstancias deberán ser acreditadas por el informe médico emitido por la autoridad sanitaria competente.

Una vez situados en el contexto legal y reglamentario de esta problemática, la incertidumbre radica en que el

---

1   Ley Orgánica 4/2000, de 11 de enero, sobre derechos y libertades de los extranjeros en España y su integración social.

2   Real Decreto 557/2011, de 20 de abril, por el que se aprueba el Reglamento de la Ley Orgánica 4/2000, sobre derechos y libertades de los extranjeros en España y su integración social, tras su reforma por Ley Orgánica 2/2009.

reglamento indica los pasos a seguir hasta llegar a ingresar la solicitud de residencia temporal por razones humanitarias, donde el extranjero gravemente enfermo y de ser mayor de edad, además del informe médico que indique la gravedad y circunstancias de salud de esta persona, deberá presentar un certificado de carecer de antecedentes penales en su país de origen.

Con estos documentos en mano recién se encontrará en condiciones de solicitar una cita previa o acudir por el procedimiento normal (puesto que no existe una vía excepcional para estos casos), y una vez ingresada la documentación deberá esperar el mismo tiempo o más que el resto de solicitudes por circunstancias excepcionales, el cual es un tiempo estimado de tres a cuatro meses, a pesar de que la obligación de resolver por parte de la administración es dentro de los 3 meses desde la solicitud, lo cual conculca no solo con el hecho de ser una circunstancia excepcional sino del propio hecho de ser una enfermedad grave.

A pesar que ya hace más de cincuenta años se declaro por la OMS el goce y protección del grado máximo de salud como un derecho fundamental para todo ser humano, y que el deseo de estos protectores de la salud es que la misma deje de ser una bendición esperada y sea concebida como un derecho humano; en esta línea Médicos del Mundo, como defensores del respeto a este reconocimiento como derecho fundamental indiscutible, vienen cuestionando el hecho que extranjería solicite un informe médico indicando que la enfermedad es sobrevenida para aquellos extranjeros enfermos que se encuentren obligados a seguir un tratamiento médico en España, también explican que científicamente es difícil determinar el momento en que se adquieren algunas enfermedades y por ello recomiendan que se elimine este requisito como condición para conceder una residencia a un extranjero enfermo, no obstante la acreditación de la enfermedad ha de mantenerse, determinado por los informes médicos los cuales indicaran la gravedad que será el parámetro que debe respetar la oficina de extranjeros, esto debido a la indeterminación de las razones humanitarias o excepcionales como conceptos jurídicos, que ya en el 2006 el TSJ de Alicante Nº 2 (165/06 5 de Mayo y 352/06 1 de Julio) se ha señalado que no precisan de reglamentación alguna.

Siguiendo la polémica y ya esclarecido el hecho que la SALUD es un derecho fundamental indiscutible y de protección mundial, por ende es una circunstancia excepcionalísima que requiere un tratamiento acorde a la situación, al evidenciarse que el procedimiento debe de ser simplificado no solo en cuanto a los requisitos solicitados sino especialmente al tiempo del tratamiento del expediente.

Lo lógico y a modo de propuesta debería ser el tramitar estos casos por una vía excepcionalísima, presentando el extranjero su pasaporte, empadronamiento e informe médico acreditativo del estado de salud, emitiéndose una autorización provisoria como en los casos de violencia de género, entre otros, y de haber dudas se requerirán los demás documentos hasta emitir la autorización temporal definitiva.

EL INFORME DE INSERCIÓN Y SU RELEVANCIA EN LA SOLICITUD DE ARRAIGO SOCIAL

Por: JACOBO PREGITZER ZERPA

Diciembre 2011

El Real Decreto 557/2011 (en adelante Reglamento) en su artículo 124.2 establece lo relativo a la residencia temporal por circunstancias excepcionales y específicamente la circunstancia de arraigo social. Entre los requisitos que el extranjero debe cumplir en forma acumulativa se encuentra en el literal c de la mencionada norma "el tener vínculos familiares"[1] o "presentar un informe de arraigo que acredite su integración social, emitido por la Comunidad Autónoma en cuyo territorio tengan su domicilio habitual."[2]

Como se evidencia en la práctica, la segunda alternativa es la más habitual en este tipo de procedimiento y a su vez la que constituye el principal elemento de retraso en la obtención total de la documentación requerida, siendo la Comunidad Autónoma[3] del domicilio habitual del extranjero la competente para realizar el llamado informe de inserción social, dejándole a los ayuntamientos la recepción de las solicitudes del informe.

El Reglamento establece los requisitos para el

---

1   Los familiares deben ser: cónyuge o pareja de hecho registrada, ascendientes o descendientes en primer grado y línea directa, vínculo que podrá bien ser con otros extranjeros residentes o con españoles (En este último caso resultaría más viable verificar la posibilidad de otro procedimiento directo ante la administración como el arraigo familiar). El vínculo deberá acreditarse mediante un certificado de matrimonio o del registro de parejas, certificado de nacimiento u otros documentos, según sea el caso.

2   Otro informe de esta naturaleza puede ser solicitado por aquellos extranjeros que desean renovar su residencia o residencia y trabajo, y no cuenten con los requisitos legalmente exigidos, también la ley contempla informes de este tipo para el caso de nacionalidad por residencia y el caso de residencia de menores.

3   Siempre que haya sido previamente puesto en conocimiento de la Secretaría de Estado de Inmigración y Emigración.

procedimiento de arraigo social pero en la obtención de estos intervienen distintas administraciones a distintos niveles, como en los casos del certificado de padrón municipal e histórico para acreditar la permanencia continuada en España (ayuntamientos) y del informe en comento (Comunidad Autónoma), los antecedentes penales (Representaciones consulares en España u Órganos competentes en el país de origen o ultima residencia) entre otros, lo cual incrementa la problemática en la recaudación total de los documentos a presentarse.

Este requisito frente a todo lo que pueda parecer no es más que otro procedimiento administrativo, y el informe definitivo será consecuentemente un Acto Administrativo, el cual podrá ser objeto de un recurso potestativo de reposición o ser directamente recurrido ante el contencioso-administrativo.

Para iniciar la solicitud del informe los ayuntamientos disponen modelos normalizados por la Comunidad Autónoma a tal efecto, y en los que el Reglamento dispone que ha de acreditarse para su solicitud y a su vez para dejar constancia del mismo en el propio informe; en este sentido deberá demostrarse el domicilio habitual y la permanencia (3 años para el arraigo social) en el territorio español, la documentación relativa a la vivienda (Escrituras de propiedad, contrato de arrendamiento, en su defecto el volante de empadronamiento), acciones formativas debidamente acreditadas (públicas o privadas), así como aquellas sociolaborales y culturales, la colaboración con redes sociales, conocimientos de las lenguas oficiales (tanto estatal como la de la Comunidad Autónoma), carnet de la biblioteca municipal respectiva, como cualquier otra circunstancia que pueda servir para determinar su grado de inserción. El órgano autonómico competente para la decisión del informe podrá realizar consultas al Ayuntamiento donde el extranjero tenga su domicilio habitual sobre la información que pueda constar al mismo.

En este punto la normativa establece que en un plazo de treinta (30) días desde la solicitud ha de ser emitido el informe y notificado al solicitante, cuestión que muchas veces no sucede; las respectivas administraciones indican que debe esperarse el plazo señalado que a criterio de estas se traduce en un plazo de 45 a 50 días naturales, ya que los 30 indicados en la norma se entienden como hábiles, a esto debe agregarse el hecho de la vigencia del mismo, el cual es de tres meses y las oficinas de extranjeros toman en consideración la fecha del informe, no la de su recepción.

No obstante la propia norma establece que simultáneamente y por medios electrónicos, la Comunidad Autónoma deberá dar traslado del informe a la Oficina de Extranjería competente, si analizamos el procedimiento de arraigo social, al momento de presentar la solicitud y de haber transcurrido el plazo indicado previamente sin haber recibido el informe, tendrá que acreditarse que el mismo fue solicitado presentado el resguardo, pero el satisfacer este requisito con lo señalado no resulta suficiente ya que de conformidad con la instrucción DGI/SGRJ/3/2011, y el reglamento dispone que "podrá justificarse este requisito por cualquier medio de prueba admitido en Derecho", es decir que al momento de la solicitud el extranjero deberá demostrar nuevamente las circunstancias que acrediten su inserción en la sociedad.

El problema viene a radicar en que casi el 60% de las circunstancias para demostrar este hecho (inserción) constituyen a su vez requisitos del propio procedimiento de arraigo social (3 años de permanencia en España, un contrato de trabajo de 40 horas semanales por un año o su exención que sería más complicado de acreditar en este momento, empadronamiento para demostrar domicilio) existiendo una duplicación innecesaria de los mismos que contradicen los principios elementales del procedimiento administrativo.

En este punto, el análisis del grado de inserción social a los efectos de la administración, que ante el órgano competente en principio (comunidad autónoma) es llevado a cabo por técnicos, trabajadores sociales, entre otros, se traslada al funcionario receptor de la solicitud y de la documentación de arraigo social e incluso posteriormente al encargado de la decisión ante la oficina de extranjeros, en este escenario la discrecionalidad y muchas veces la arbitrariedad entran en juego, debido al criterio enteramente subjetivo que puede adoptar el o los funcionarios para no admitir a trámite la solicitud, ya que de conformidad con la Instrucción señalada (No del Reglamento ni de la Ley) el informe de arraigo tiene una naturaleza de requisito exigible.

Todo esto conculca con la naturaleza del procedimiento máxime cuando ya el órgano autonómico ha dado traslado del informe a la oficina de extranjeros, por ende se presenta claramente una contradicción ya que si la oficina de extranjeros ha recibido el informe en cuestión resulta absurdo acreditar todo lo antes expuesto nuevamente, convirtiéndose en simplemente una presentación del papel por parte del solicitante, ya que la información del mismo, es conocida de antemano por la oficina de extranjeros.

Por lo tanto este requisito termina convirtiéndose en un obstáculo más para el inicio de un procedimiento de arraigo social, y en el caso de su obtención la valoración como tal y la relevancia dentro del procedimiento resulta totalmente irrisoria, al no ser un elemento realmente vinculante o determinante para la administración.

Por otra parte, un porcentaje importante de los procedimientos de arraigo social resultan desfavorables principalmente por motivos del empleador, lo cual convierte el procedimiento simplemente en algo relacionado al trabajo y no al nivel o grado de inserción social que pueda tener una persona, lo cual desvirtúa totalmente la naturaleza del procedimiento.

Sin embargo, con dicho informe se ha generado una tasa para su emisión que es de mayor cuantía que la propia tasa del procedimiento de arraigo social, de las cuales tal vez no pueda negarse su proporcionalidad respecto a los principios del derecho tributario, pero si puede hacerse un reproche del tratamiento que se hace del informe por la normativa y específicamente por las oficinas de extranjeros.

ESTUDIANTES EXTRACOMUNITARIOS CRÓNICOS INVOLUNTARIOS

Por: CATALINA MAGALLANES

Enero 2012

Teniendo en cuenta que la entrada a España por razones de estudios se ha convertido en una vía habitual de inmigración regular, y que la misma se destaca por tratarse de un colectivo migratorio cualificado y ampliamente beneficioso para la sociedad receptora; hoy nos ocupa reflexionar acerca de los estudiantes extranjeros de terceros países o no comunitarios, debido a su situación particular como personas cualificadas que en su mayoría traen a este país o donde quiera que vayan, una carga académica e intelectual enriquecedora en el proceso de intercambio derivado de esa situación, y de la cual nos preocupa el sin fin de limitaciones a los que son expuestos y sobre todo cuando deciden continuar su proyecto de vida en España después de haber invertido dos o más años de vida académica y económica en las universidades Españolas.

Ha de partirse en la convicción de simplificar los mecanismos de acceso a la residencia y trabajo de los estudiantes extranjeros y así evitar los abusos y las restricciones a sus derechos que obstaculizan la posibilidad de conseguir el referido permiso, dejando como única opción para continuar en España el seguir prorrogando su estancia y ser un estudiante crónico involuntario.

Como se ha dicho, en España un estudiante ingresa con permiso de estancia, lo que implica que no es residente, solo está autorizado a "estar" como estudiante, no pudiendo acceder a ninguno de los derechos que posee un extranjero titular de una autorización de residencia.

El residente en España es titular del derecho a la prestación sanitaria gratuita si es insolvente, a cotizar y recibir las prestaciones derivadas del desempleo, a la nacionalidad por residencia, a los derechos de ayudas por vivienda ya sea en alquiler o propiedad, entre otros, y lo más importante a trabajar libremente en la actividad elegida o la oportunidad que se presente en la cantidad de horas necesarias deseadas e incluso posee el derecho a recibir los mismos derechos y trato de un trabajador nacional según lo ratificado por España en el Convenio Nº 143 de la OIT.

De acuerdo a la legislación en materia de extranjería el Estudiante se encuentra limitado a trabajar veinte horas semanales como máximo y preferentemente en la actividad relacionada con su formación, debe pagar su prestación sanitaria y todos los demás gastos que deriven de su estancia en España como estudiante; para cambiar su estatus de estancia a residencia y trabajo posee dos opciones. Si desea solicitar una autorización de residencia y trabajo antes de los tres años de estancia en España, debe realizar un trámite previo de autorización de residencia y trabajo condicionado a que la empresa no posea deudas con hacienda y la seguridad social (cosa complicada en los tiempos que transcurren) y otras condiciones de estabilidad laboral que se requieren.

Si tiene la suerte de pasar este trámite y ser autorizado debe volver a su país de origen en búsqueda del visado de autorización de residencia y trabajo, lo cual es una opción muy costosa.

El otro supuesto, que correspondería al haber pasado tres años de estancia en España, el mismo podrá solicitar la modificación del trámite de situación de estancia a residencia y trabajo o arraigo social, si corresponde en el caso de los estudiantes con determinadas becas sin la obligación de volver a su país en busca del visado.

El inconveniente radica en que el condicionamiento de la autorización a que la empleadora reúna determinados requisitos, hace que el trámite se vuelva casi imposible y los estudiantes se ven obligados a seguir estudiando y prorrogando su estancia indefinidamente con todas las restricciones de derechos que acarrea esta situación.

Al fracasar alguna de las 2 vías señaladas, muchas veces el extranjero recurre a otras alternativas en fraude a la ley para la obtención de la residencia, tales como el matrimonio o pareja de hecho por conveniencia.

Dicho problema trae aparejado la situación de abuso y explotación por parte de las empresas o empleadores al contratar trabajadores estudiantes para lograr para ellos un doble beneficio económico, evitando cotizar una contratación normal por la cantidad de horas reales que trabajan, y a su vez contratando personal cualificado.

Debería sorprender, pero es habitual que en España encontremos estudiantes que llevan más de cinco años en esta situación y no por el hecho de que su proyecto profesional haya sido el seguir estudiando, por el contrario, simplemente por no caer en la precariedad que implica estar en irregularidad administrativa al no poder obtener el contrato como requisito indispensable para la residencia, reiterándose una vez más que la regularidad de un extranjero y ser humano en materia de extranjería está supeditado al trabajo.

Otra situación preocupante son las renovaciones para los estudiantes; en Barcelona se constatan situaciones en las cuales se deniegan las solicitudes de renovación por extemporáneas (fuera de plazo) cuando las citas son solicitadas a través del sistema al no permitir el mismo la elección de la fecha cuando en ocasiones tales citas son concedidas posteriormente al vencimiento de la autorización ocasionando la negativa de la solicitud de renovación, por considerarse que se presenta fuera del término, sin tener en cuenta que fue solicitada antes del vencimiento y que los cursos formativos no concluyen para tales fechas, no obstante que la subdelegación es notificada de ello a través de una carta del respectivo tutor que certifica que el alumno se encuentra cursando en forma regular y especifica nuevamente la fecha de final de estudio.

Siguiendo la lógica o intentando hacerlo, cuando un estudiante solicita un permiso de estancia y presenta un plan de estudios, por ejemplo: de dos años, lo natural sería que se le otorgue tal permiso por esos dos años siendo ilógico pretender que interrumpa la formación (que normalmente son muy costosas) o continuarla en forma irregular como ocurre en otras ocasiones.

Debido a la experiencia con los estudiantes extracomunitarios y la situación de crisis generalizada que se atraviesa actualmente, debería plantearse esta problemática y abrir el camino a la residencia y trabajo como mínimo, de aquellos estudiantes que llevan más de tres años en España aportando tiempo, dinero, intelectualidad, creatividad y lo más importante, que de alguna u otra forma están netamente integrados en el país y dejar de condicionar la residencia y trabajo a un contrato que ya no depende del extranjero, sino del empleador/a o empresa que reúna unas condiciones que no se ajustan a la realidad que se vive.

EL CONTRATO DE TRABAJO Y EXTRANJERÍA

Por: JACOBO PREGITZER ZERPA

Marzo 2012

En la mayoría de procedimientos de extranjería donde la autorización solicitada implique a su vez una autorización de trabajo, prima sobre la condición o sobre los derechos de los extranjeros su cualidad como trabajadores, por lo tanto el contrato de trabajo se erige como el elemento determinante al solicitar una autorización de residencia y especialmente de trabajo, ya que dentro del modelo de trabajo existente y la ubicación del extranjero en este sigue manteniéndose el habitual trabajo por cuenta propia.

Aunada a esta realidad ha de sumarse la crisis actual del mercado laboral en España, la cual incide consecuentemente en la política de autorizaciones a los extranjeros, donde encontramos que frente a unas normas tanto en el ámbito internacional, europeo como nacional que regulan y protegen el trabajo de los extranjeros existen otras de rango inferior que habilitadas al efecto, restringen y condicionan aquellas.

La regulación actual de la materia en lo relativo a la contratación en origen se encuentra prácticamente restringida en su conjunto, quedando la normativa relativamente abierta a los residentes y a quienes pretendan regularizarse estando en territorio Español. No obstante, una vez que el extranjero obtiene el contrato de trabajo o una oferta bajo la forma de contrato, que de conformidad con los requisitos establecidos debe ser al menos de un año y de 40 horas semanales para la mayoría de los supuestos, y condicionada su vigencia a la autorización por la oficina de extranjeros y posterior alta ante la Tesorería General de la Seguridad Social.

Una vez hecha la solicitud dentro de todos los parámetros de valoración para autorizar la residencia y trabajo a un extranjero, adicionalmente al mencionado contrato de trabajo, el empleador bien sea persona física o jurídica deberá estar al día con sus obligaciones con la Agencia Tributaria y con la Seguridad Social, ya que este viene constituyéndose en el argumento preferido por la oficina de extranjeros al momento de denegar las diversas solicitudes de esta naturaleza, sin embargo al contratarse un nacional o un extranjero bajo el régimen comunitario dichas restricciones no se consideran; la Carta de Derechos Fundamentales de la Unión Europea en su artículo 15.3 dispone que "Los nacionales de terceros países que estén autorizados a trabajar en el territorio de los Estados miembros tienen derecho a unas condiciones laborales equivalentes a aquellas que disfrutan los ciudadanos de la Unión", precepto que nos establece una equivalencia respecto a los extranjeros extracomunitarios autorizados, pero existe un limbo jurídico respecto de los que están en proceso de solicitar la misma, en la cual el Estado so pretexto de la soberanía establece las condiciones que crea conveniente en un determinado contexto económico o político.

Muchas veces tratándose de renovaciones, modificaciones, solicitudes por circunstancias excepcionales, entre otras, las diversas situaciones aparejadas a una persona hacen que no pueda cumplir con el requisito del contrato de trabajo, o de estar dado de alta, o de no haber cotizado lo suficiente según la solicitud que se trate, creando una situación grave de inestabilidad y riesgo de exclusión social, que muchas veces obliga al propio extranjero a asumir los gastos de cotización mediante altas ficticias, y en el peor de los casos mantenerse o caer en irregularidad.

Tales realidades se contraponen a eficientes medidas en la relación a los flujos de trabajo/flujos migratorios, ya que la ocupación de gran parte de los extranjeros denota muchas veces una integración laboral francamente deficiente, siendo relegada a ocupar trabajos con menor salario, temporales, y muchas veces sin la debida aportación a la seguridad social por la recurrente contratación en negro por las causas antes expuestas; por ende las políticas migratorias parecen no ver la oportunidad en luchar contra esa economía sumergida, de las cuales al estar dados de alta estos trabajadores y cotizando ante la seguridad social, mas recaudación se lograría al aparecer nuevos obligados en el ámbito tributario.

Esta ocupación e inclusión como comúnmente quiere atribuirse, no influye ni es causante del aumento de la desocupación de los nacionales, ya que todos los estudios sobre las tasas de actividad y de ocupación entre extranjeros y nacionales concluyen que siempre son crecientes en ambos grupos en las etapas de expansión de la inmigración, en lo que a la experiencia española se refiere.

Frente a esto el extranjero que carezca de autorización de residencia y trabajo debe tener claro que de realizar una actividad laboral por cuenta ajena sin las formalidades previstas en la ley, no invalidará el contrato ni los derechos de su condición de trabajador extranjero, así lo ha reiterado la jurisprudencia[1] y lo establece concretamente el artículo 36.5 de Ley 4/2000, de 11 de enero; por su parte debe tenerse en cuenta que lo anteriormente expuesto constituyen infracciones tanto para el empleador como para el extranjero, dependiendo la graduación de las mismas a las circunstancias de cada caso.

Por otra parte, si una vez efectuadas las gestiones de autorización cuando el empleador se encuentra ante sus

---

1   TS (Sala de lo Social, Sección 1ª) Sentencia de 21 junio 2011; TSJ Cataluña (Sala de lo Social, Sección 1ª) Sentencia núm. 8052/2010 de 14 diciembre 2010; y TSJ Madrid (Sala de lo Social, Sección 1ª) Sentencia núm. 1084/2010 de 23 diciembre 2010; entre otras.

obligaciones con la seguridad social por el trabajador extranjero contratado, decide no continuar con la relación de trabajo que dio origen a la autorización, ninguna normativa regula este supuesto en función de la responsabilidad del empleador, lo cual si hace la normativa en el caso de contrataciones en origen; existiendo solamente las obligaciones que surgen de un contrato de trabajo reguladas por la legislación laboral.

En otro supuesto, si existiría responsabilidad de los empleadores por aquellos contratos que presentados al momento de una solicitud, y que posteriormente no cumplan con el deber de mantener de alta al trabajador extranjero que efectivamente se encuentre trabajando. Esta responsabilidad la encontramos regulada en el artículo 53.2.A de la Ley 4/2000, de 1 de enero, como una infracción muy grave, para los supuestos de no dar de alta al trabajador en el Régimen de la Seguridad Social que corresponda, o no registrar el contrato de trabajo en las condiciones que sirvieron de base a la solicitud, en este sentido el otorgamiento de la tarjeta de residencia al extranjero viene condicionada como se dijo previamente al alta en la seguridad social, pero a partir de ese momento el cumplimiento del contrato de trabajo por parte del empleador en las condiciones pautadas son competencia de la legislación laboral.

En consecuencia y como se ha señalado, casi la totalidad de las solicitudes de este tipo son referidas a una autorización de trabajo por cuenta ajena, ya que la posibilidad que brinda el ordenamiento jurídico de hacerlo por cuenta propia al establecer los requisitos para la misma hacen de ella casi una opción imposible de plantearse, por ende pese a toda la normativa en todos los ámbitos la situación del extranjero va íntimamente ligada a su aptitud como trabajador y a la capacidad de este de tener un contrato de trabajo para mantenerse regular o regularizarse una vez que se encuentre en el territorio español, sin olvidar de las exigencias respecto a los empleadores.

PROGENITORES EXTRACOMUNITARIOS: ENTRE EL RÉGIMEN COMUNITARIO Y EL RÉGIMEN GENERAL

POR: CATALINA MAGALLANES
JACOBO PREGITZER ZERPA

Marzo 2012

El tema a desarrollar trata la limitación al régimen comunitario a la que se encuentra sometido el progenitor (extracomunitarios irregulares) de un menor español "ciudadano de la unión", al no existir un medio para que este pueda solicitar la tarjeta de familiar de ciudadano de la unión, regulada a través del Real Decreto 240/2007, de 16 de Febrero, sobre entrada libre circulación y residencia en España de ciudadanos de los Estados miembros de la UE y de otros Estados partes en el acuerdo sobre el espacio económico europeo, la Instrucción DGI/SGRJ/03/2007, relativa a dicho Real Decreto, y la Instrucción DGI/SGRJ/03/2010, sobre aplicación de la sentencia del Tribunal Supremo, de 1 de junio de 2010, relativa a la anulación de varios apartados del Real Decreto 240/2007.

Este Real Decreto en su artículo 2, párrafo primero, establece que esta normativa es aplicable a los familiares de ciudadanos de la UE o de otro Estado parte en el Acuerdo sobre el Espacio Económico Europeo, cualquiera que sea su nacionalidad y cuando le acompañe o se reúnan con él; en el caso específico de los ascendientes señala el literal d del artículo mencionado, que deben de tratarse de "ascendientes directos, y a los de su cónyuge o pareja registrada que vivan a su cargo, siempre que no haya recaído el acuerdo o la declaración de nulidad del vínculo matrimonial, divorcio o separación legal, o se haya cancelado la inscripción registral de pareja."

Según consta de toda esta normativa, un nacional de un tercer país[1] que posea un familiar directo[2] como lo indica la hoja informativa Nº 103,[3] el progenitor que puede solicitar este derecho será aquel que viva a cargo de su descendiente español; a contrario sensu, es decir, en el caso que el menor o persona española dependa de su progenitor, este último solo puede optar por el arraigo familiar regulado por el régimen general de extranjería establecido en la Ley Orgánica 4/2000, de 11 de enero y su Reglamento el Real Decreto 577/2011, de 20 de abril, obteniendo una autorización de residencia temporal y trabajo por circunstancias excepcionales (arraigo familiar), autorización que deberá modificarla al término de su vencimiento (un año) a una situación residencia inicial por otro año, situación que resulta más gravosa, la cual fue analizada anteriormente.

Como se evidencia esta autorización además de generar inestabilidad para el progenitor, su concesión se encuentra limitada a las condiciones de ser extracomunitario, carecer de antecedentes penales tanto en España como en su país de origen y no tener prohibida la entrada a España o figurar como rechazable en otro estado del espacio Schengen.

En este sentido, los padres extranjeros extracomunitarios con hijos a cargo de nacionalidad española, constituye un caso muy típico en la realidad de lo que constituye la inmigración y la extranjería en España, tal vez por eso

1   Quien no sea nacional de un estado miembro de la UE, de otro Estado parte del Acuerdo sobre el Espacio Económico Europeo o Suiza.

2   Cónyuge, pareja registrada en un registro público de un Estado miembro, descendientes directo del ciudadano o de su cónyuge o pareja registrada, siempre que sea menor de veintiún año, mayor a cargo o incapaces; ascendiente directo del ciudadano, su cónyuge o pareja de registrada, que viva a su cargo.

3   Ministerio de Trabajo e Inmigración, Actualizada a septiembre 2011. http://extranjeros.meyss.es/es/informacioninteres/InformacionProcedimientos/documentos2/103.pdf

que la normativa restringe ese supuesto y deja abierta la otra opción, la cual es menos habitual; por otro lado, si para acceder al régimen comunitario ha de tratarse de una persona extracomunitaria que tenga un descendiente español/a a cargo, lo más habitual es que este sea menor, lo cual desde el punto de vista del menor deviene en un trato discriminatorio respecto a otro menor español, por el hecho de ser hijo de progenitor/res extracomunitario/s irregular/res, contrariando el principio fundamental establecidos en el TFUE en sus artículos 10 y 18 que prohíbe toda discriminación por motivos de nacionalidad, sexo, origen racial o étnico, religión o convicciones, discapacidad, edad u orientación sexual, disposición que beneficia a toda persona sea o no ciudadano de la unión, conculcando a su vez el mandato constitucional que establece en el artículo 14 de la Constitución Española en lo que a la normativa interna se refiere.

Sin embargo, como en muchas otras problemáticas de esta materia el problema tiene su origen no en el ordenamiento interno español directamente, sino en el mandato de una directiva de la unión, es así como el artículo 2.2.d. de la Directiva 2004/38/CE del Parlamento Europeo y del Consejo, de 29 de abril de 2004, establece que se considera como miembro de la familia de un ciudadano de la unión a "…los ascendientes directos a cargo y los del cónyuge o de la pareja definida…", siendo el contenido del Real Decreto 240/2007 simplemente una transposición literal de la directiva.

Detrás de estos hechos, se encuentran sobre las disposiciones indicadas anteriormente, La Directiva 2003/86/CE del Consejo, 22 de Septiembre[4] del cual surge el derecho a la reagrupación; pasando a ser un derecho fundamental de ámbito general reconocido por el Tribunal de Justicia de las Comunidades Europeas, según nos

---

4   Diversas normas en el orden interno han traspuesto progresivamente esta directiva.

señala Moitinho[5] es donde surge el derecho al respeto de la vida privada y familiar en su proyección de derecho a la reagrupación familiar o unidad familiar, como derecho derivado de la protección establecida en el artículo 8 de la Convención Europea de Derechos Humanos; no obstante la trasposición de normas de esta naturaleza se han hecho sin considerar lo planteado previamente, no obstante las administraciones que gestionan esta materia siguen proyectando sus normas en función de la conveniencia de diversos elementos, solapando o dejando de aplicar otros mandatos bajo el pretexto de aplicar otros.

En reiteradas oportunidades el Tribunal Europeo de Derechos Humanos proyecta dicha protección del derecho al respeto de la vida familiar, tal como lo hace en la Sentencia c. Países Bajos del 21 de Diciembre de 2001, por lo tanto el artículo 8 de la CEDH genera obligaciones positivas orientadas al respeto efectivo de la vida familiar generando un justo equilibrio entre los intereses de la familia y los de la sociedad toda, constituyendo problemáticas como la comentada totalmente contrarias a derechos reconocidos previamente.

Por su parte, y en esta misma línea encontramos que la Convención sobre los Derechos del Niño reconoce el principio de respeto de la vida familiar, basándose en que el niño para el pleno y armonioso desarrollo de su personalidad, debe crecer en el seno de la familia y para ello en su artículo 10 establece que toda solicitud de un padre para reunirse con su familia en este caso sus hijos debe ser atendida de manera positiva, humanitaria y expeditiva, que contrastado con el principio establecido en el artículo 39 de Constitución Española que impone a los poderes públicos el asegurar la protección social, económica y jurídica de

---

5   José Carlos MOITINHO DE ALMEIDA, La protección de los derechos fundamentales en la jurisprudencia del tribunal de justicia de las comunidades europeas, en Derecho comunitario europeo y su aplicación judicial, 1993, Editorial CIVITAS. Pág. 97.

la familia, carecería de fundamento una exclusión de los progenitores a cargo de descendientes españoles/as del régimen comunitario por el hecho de estar o no a cargo del descendiente.

Sin embargo, nuevamente con la reforma de la LOEX[6] y su Reglamento[7], y del Real Decreto 240/2007, se desobedece o se hace caso omiso de un mandato de los derechos fundamentales, implantada en forma enunciativa por la normativa mencionada previamente, estableciéndose mediante tecnicismos la aplicación del régimen general a los ascendientes de nacionales españoles cuando justamente en los casos que por la minoría los descendientes son más vulnerables y merecen mayor protección de parte de los poderes públicos y de sus progenitores, y precisamente deben crearse las condiciones favorables de estos últimos para poder desarrollarse en una sociedad y ofrecer la protección de sus descendientes, ya que precisamente estos son quienes más necesidad tienen de regularizar su situación y encontrarse habilitado no solo para residir sino también para trabajar y poder responder a sus obligaciones respecto al descendiente a su cargo y poder preservar de esta forma el núcleo familiar como unidad básica de esta sociedad.

---

6   Ley Orgánica 4/2000, de 11 de Enero, Sobre Derechos y Libertades de los Extranjeros en España y su integración Social, reformada por la Ley Orgánica 8/2003, de 20 de Noviembre y por la Ley Orgánica 2/2009, de 11 de Diciembre.

7   Real Decreto 557/2011, de 20 de Abril.

LA ASISTENCIA SANITARIA EN ESPAÑA, REFORMAS Y EXTRANJERÍA

Por: JACOBO PREGITZER ZERPA

Junio 2012

Desde 1986 se estableció en España a través de la Ley 14/1986, de 25 de abril, General de Sanidad el derecho a la salud y a la atención sanitaria en base a un concepto de ciudadano y no de afiliación o alta al Sistema de Seguridad Social, pero es a partir del año 1999 cuando el Estado realmente o legalmente da cabida a dicha noción según lo dispuesto en la Ley 49/1998, de 30 de diciembre, de Presupuestos Generales, donde asume la financiación de la asistencia sanitaria, suprimiendo la entonces aportación de cotizaciones sociales y separando de cierta forma la atención sanitaria y Seguridad Social.

Desde entonces la asistencia sanitaria comenzó a obtener principalmente financiación con los impuestos, tanto directos como indirectos y de otras formas de ingresos del Estado así como con las aportaciones que mantiene aún de la Seguridad Social, erigiéndose un sistema nacional de salud de acuerdo a un modelo del Estado de Bienestar y constituyéndose pese a los problemas u observaciones que pudieran tenerse con relación al mismo, en un modelo reconocido mundialmente y caracterizado como bien sabemos por su vocación universal, gratuita, pública y de financiación pública.

En lo relativo a la extranjería, interesa el hecho de que dicho sistema permite o permitía a los extranjeros que se encontraren en el territorio español sin autorización o permiso residencia, el acceso al sistema de salud - previo empadronamiento -, esto por las características propias del sistema y por una orientación de la Ley 16/2003, de 28 de mayo, de cohesión y calidad del Sistema Nacional de Salud, la cual establecía en su artículo 3 que eran "titulares de los derechos a la protección de la salud y a la atención sanitaria los siguientes: a) Todos los españoles y los extranjeros en el territorio nacional en los términos previstos en el artículo 12 de la Ley Orgánica 4/2000....". Esta última norma señalada por su parte establece que "Los extranjeros tienen derecho a la asistencia sanitaria en los términos previstos en la legislación vigente en materia sanitaria", por su parte la mencionada Ley 14/1986, de 25 de abril, General de Sanidad en su artículo 1 dispone prácticamente lo mismo; con todo esto la universalidad del sistema constituía un hecho tanto de forma legal como en la práctica, pese a que en muchas ocasiones y dependiendo del centro de atención y de la comunidad autónoma a veces no era reconocida esta situación, o ciertas trabas eran y son comunes para el acceso al mismo.

Como sabemos el gobierno ha introducido una reforma mediante el Real Decreto-ley 16/2012, de 20 de abril, de medidas urgentes para garantizar la sostenibilidad del Sistema Nacional de Salud y mejorar la calidad y seguridad de sus prestaciones,[1] entre las medidas adoptadas encontramos modalidades de copago (algunas sin límite de cuantía), la recuperación del concepto de Asegurado y su vinculación a la Seguridad Social, categorización de las prestaciones del sistema y de los servicios que financia el sistema nacional de salud, sus carteras de servicios (básica, suplementaria y de servicios accesorios), medidas sobre la gestión y reordenación (recentralización) de los recursos

---

[1]   Real Decreto-ley 16/2012, de 20 de abril, de medidas urgentes para garantizar la sostenibilidad del Sistema Nacional de Salud y mejorar la calidad y seguridad de sus prestaciones. BOE número 98, de 24 de abril de 2012, y corrección de errores publicada en el BOE número 116, de 15 de mayo de 2012, convalidado mediante resolución de 17 de mayo de 2012, del Congreso de los Diputados, por la que se ordena la publicación del Acuerdo de convalidación de la mencionada norma. BOE nº 125, de 25 de mayo de 2012.

por parte del Estado y de las CCAA, entre otras importantes modificaciones.

Lógicamente y como era de esperarse existen modificaciones en materia de extranjería, interesa particularmente su artículo 1, el cual modifica el artículo 3 de la mencionada Ley 16/2003, de 28 de mayo, de cohesión y calidad del Sistema Nacional de Salud, bajo la categoría de Asistencia sanitaria en situaciones especiales, y la cual ha establecido:

"Tres. Se añade un nuevo artículo 3 ter, que tendrá la siguiente redacción:

Artículo 3 ter. Asistencia sanitaria en situaciones especiales.

Los extranjeros no registrados ni autorizados como residentes en España, recibirán asistencia sanitaria en las siguientes modalidades:

a. De urgencia por enfermedad grave o accidente, cualquiera que sea su causa, hasta la situación de alta médica.

b. De asistencia al embarazo, parto y postparto.

En todo caso, los extranjeros menores de dieciocho años recibirán asistencia sanitaria en las mismas condiciones que los españoles."

A contrario sensu, la nueva regulación deja a las personas en situación irregular sin la asistencia sanitaria que bajo el modelo indicado tenían acceso, estableciendo la excepción para los extranjeros/ras en situación irregular por urgencias (enfermedad grave o accidentes) y para las extranjeras durante su embarazo, parto y postparto; igualmente los menores de 18 años mantendrán el derecho.

Debe prestarse atención y no olvidar que en muchos casos ha existido y aún existe un uso fraudulento del sistema por parte de algunos extranjeros, que si bien no pueden constituir cuantitativamente la causa del declive del mismo, realmente en una u otra forma contribuye y es parte del problema, no solo respecto a los extranjeros extracomunitarios y sus familiares, también ha existido y existe un uso indebido por parte de los extranjeros bajo el régimen comunitario bajo el ejemplo señalado o en el supuesto que algunos denominan turismo sanitario.

No obstante, esto debe matizarse en su justa medida y a su vez ha de revisarse los niveles en que los extranjeros contribuyen a la sostenibilidad del sistema, aunque en la problemática el uso indebido representa parte de la misma, en ningún caso constituye el problema en sí, ya que es común hablar del gasto que ocasionan pero nunca de los aportes que estos hacen bien sea en forma directa para aquellos que pueden hacerlo y en forma indirecta absolutamente todos.

El número de inmigrantes que se encuentran en territorio español en situación irregular es realmente elevado, y la imposibilidad de que estos no puedan recibir la asistencia primaria de salud hará que forzosamente estos recurran a los ya colapsados servicios de urgencias pudiendo generar una indeseada situación de índole epidemiológico, así como generar sentimientos xenófobos entre la población y los distintos colectivos (no solo al apartar estos grupos, también al ahondar diferencias entre unas clases sociales y otras), pero pareciera que esto no ha sido consierado ya que al desaparecer dicha población de las cifras registradas dejará de ser un dato oficial, y en consecuencia hasta que una ONG u otra persona realice estudios y denuncias sobre el problema, nunca sabremos qué pasará o que habrá sucedido.

Por su parte, quienes más demandan gasto social son precisamente los Nacionales Españoles y los de la Unión Europea, y la contribución que hacen aquellos extranjeros extracomunitarios y comunitarios que aportan al Estado reciben a su vez menos de este (por factores principalmente de edad). El porcentaje de extranjeros afiliados a la tesorería general de la Seguridad Social en forma activa se mantiene pese a la crisis, pero como reflejan los estudios, datos y porcentajes de extranjeros que son beneficiarios de la asistencia primaria de salud, de urgencias, y de prestaciones de la seguridad social, las cifras sorprenden y no precisamente por lo elevado de las mismas.[2]

Los extranjeros en situación irregular al no poder acudir a la atención primaria, sumarán otra circunstancia de estrés, y a su vez otra autoridad a la que temer, no obstante para contratar una póliza de atención médica su situación de irregular no resultará problema alguno para las aseguradoras médicas, las cuales se encuentran ofertando en forma activa atractivos paquetes individuales y familiares; de esta manera la reforma apunta bien en ayudar a este tipo de empresas en estos casos y en ofrecernos una introducción de lo que puede esperarse en un futuro del sistema, por no hablar de la existente gestión privada de algunos servicios de salud.

En relación a los ciudadanos de la Unión Europea, la reforma ha aprovechado para modificar un artículo del Real Decreto 240/2007, de 16 de febrero; el llamado turismo sanitario es una práctica principalmente señalada a los extranjeros bajo el régimen comunitario,[3] especialmente de aquellos países con una asistencia médica precaria, aunque

---

2   Inmigración y Estado de Bienestar en España. Colección Estudios Sociales. Núm. 31. La Caixa. Disponible en: http://www.publicacionestecnicas.com/lacaixa/ inmigracion/31_es.html. Los extranjeros y la Seguridad Social en la Comunidad Valenciana. Observatorio Valenciano e las Migraciones. Fundación CEIM, disponible en: http://www.ceimigra.net/observatorio/images/stories/mirada_10.ssocial.pdf. Reflexiones sobre Inmigración y servicios sociales en España. Nuria del Olmo Vicén. Revista de Ciencias Sociales (Aposta), Nº 37, Mayo-Junio 2008, disponible en: http:// www.apostadigital.com/revistav3/hemeroteca/delolmo1.pdf. Entre otros.

3   El tribunal de cuentas en el informe de fiscalización de la Gestión de las prestaciones de Asistencia Sanitaria derivadas de la aplicación de los reglamentos comunitarios y convenios internacionales de la Seguridad Social, señala el gasto español en esta materia, disponible en: http://www.laboral-social.com/files-laboral/informe-tribunal-cuentas.pdf

no de forma exclusiva, mientras tanto, por el miedo a Europa y a decir en forma contundente que parte de los inmigrantes en España de países de la unión realizan estas prácticas las reformas en esta materia suelen hacerse de forma muy modesta pero categórica, por ello en la disposición final quinta de la reforma en comento se modifica los parámetros para la obtención del certificado de registro de ciudadano de la unión, que aunado al modelo de asegurado, tal vez no se aseguren de excluir a los ciudadanos de la unión de la prestación de los servicios de salud, ya que por su parte se han asegurado un mecanismo de obtener el reembolso del gasto del estado de origen pero si lograrán restringir la libertad de circulación y establecimiento de los ciudadanos de la UE aunque al hablar de esto siempre se deja de lado lo que ha implicado el proceso de integración europea que lógicamente no pretende estos abusos, pero tampoco envilecer a nuestros vecinos.

En este sentido, al no haberse considerado la normativa comunitaria como en otras ocasiones, lo señalado tantas veces por el Tribunal de Justicia de la Unión Europea al entender el derecho a la asistencia sanitaria como un servicio sujeto a las libertades de circulación comunitaria, y que en muchos casos ha procedido a invalidar medidas restrictivas de su ejercicio por parte de los Estados miembros; tal reforma tiene todo lo necesario y no es de extrañar que nuevamente un tribunal deba declarar la nulidad de los preceptos del mencionado Real Decreto 240/2007 tal como ocurrió con la sentencia del Tribunal Supremo de 01 de Junio de 2010, al no respetar el contenido y transponer "erróneamente" la Directiva 2004/38/CE del Parlamento Europeo y del Consejo de 29 de Abril de 2004; si bien el cambio efectuado transpone literalmente la directiva, deja de tomar en consideración otra Directiva, la 2011/24/UE, relativa a la aplicación de los derechos de los pacientes en la asistencia sanitaria transfronteriza, y podemos asegurar que en la práctica existirá una total puesta en marcha de una serie de obstáculos al derecho de entrada y la expedición de los certificados de registro y de las tarjetas de residencia a los familiares, cuestiones ya denunciadas por la Comisión Europa en su último informe sobre la ciudadanía de la UE. 4

Asimismo, el mencionado real decreto no deja de culpabilizar a la Comunidades Autónomas por la gestión en la materia, éstas por su parte han señalado - al menos algunas- que no aplicarán las medidas de recorte bajo estos parámetros, otros por su parte discuten que dichas medidas no son aplicables por la asunción de competencias en esa materia por parte de sus respectivas comunidades, y otras apuntan al ejercicio de un eventual recurso.

Sobre la técnica legislativa utilizada, ya el principio de legalidad y de jerarquía de las normas parece algo que en los modelos actuales de gobierno poca importancia tiene, siempre y cuando exista un supuesto acuerdo político y razones de "urgencia" siempre podrá modificarse con un instrumento inferior normas de rango superior, por su parte la Constitución y sus normas dejan abierta toda posibilidad y este caso no es la excepción; no solo el modelo de sanidad bajo el Estado de bienestar se encuentra en jaque, el propio Estado de Derecho lo está desde hace mucho tiempo en este aspecto. Respecto al mecanismo excepcional utilizado - el Real Decreto-ley - para las diversas materias que abarca la reforma parece existir un clara intención en eludir el camino regular de estas normativas, al encontrarse vinculados temas sensibles como derecho a la vida y la dignidad de las

---

4   Señala el informa que: Los ciudadanos de la UE siguen enfrentándose a dificultades y retrasos inaceptables para obtener certificados de inscripción: con frecuencia se les exige que presenten documentos adicionales (como facturas de electricidad) no previstos en las normas de la UE. La legislación de la UE exige a los ciudadanos económicamente no activos que dispongan de «suficientes recursos económicos» para residir en otro Estado miembro durante más de tres meses. Algunos Estados miembros aplican erróneamente las normas de la UE al establecer el criterio de cantidades fijas o al no tener en cuenta las circunstancias individuales. Disponible en: http://ec.europa.eu/justice/citizen/files/com_2010_603_es.pdf

personas, resultando este tipo de reformas populistas que bajo la bandera de los "ilegales" encuentran cierto apoyo (no mayoritario) de su propia gente, pero no de un realista consenso político o social al menos, para llevar medidas de esta naturaleza a cabo.

La expectativa en cómo funcionará el modelo es incierto, en lo concerniente a extranjería es necesario luchar contra el fraude y el turismo sanitario, apostando tanto extranjeros como nacionales al uso racional, y eso debe quedar claro; pero tales medidas a la par de tratar de evitarlo pueden crear males de mayor envergadura. No es posible saber hasta qué punto será beneficioso para los supuestos fines de la reforma en esta época de recortes y austeridad; ahorrar con esta medida - según dice la ministra de Sanidad - 500 millones de euros por los inmigrantes irregulares y 1.000 millones del turismo sanitario, de los aproximadamente 7.200 millones que se esperan ahorrar (y por otra parte pedir 100.000 millones de rescate para la banca) nos da a entender que dicha medida busca de todo menos garantizar la sostenibilidad del Sistema Nacional de Salud y mejorar la calidad y seguridad de sus prestaciones, y ser en cambio una reforma en materia de extranjería que se ha colado en una reforma del sistema de salud que poco tiene que ver con un déficit o la sostenibilidad del sistema, con un claro tinte político, fuerte carga ideológica y orientado a un nuevo modelo de sistema, ya que el gasto social no es gasto, es inversión social. Esperemos que luego no deba hacerse un rescate para las aseguradoras y entidades privadas gestoras, ya que muchos están o terminaran allí.

Por ahora solo resta esperar el 01 de septiembre, fecha en la cual quedaran anuladas las tarjetas sanitarias de los inmigrantes irregulares, algunas otras modificaciones tendrán que esperar aún más por el calado de tales reformas y otras ya se están ejecutando; si bien las modificaciones en el sistema de salud eran necesarias y de eso existía un consenso en la población, la forma en esta oportunidad no parece la adecuada.

Recordemos que aquí se habla de extranjeros y de cómo esta medida les afecta, pero en mayor medida afecta a los nacionales y en consecuencia a Todos. Con o sin reformas absolutamente todos debemos procurar un uso racional de cualquier sistema.

ÚLTIMOS DIEZ AÑOS DE LA LEGISLACIÓN DE EXTRANJERÍA EN ESPAÑA Y LOS DERECHOS FUNDAMENTALES

Por: CATALINA MAGALLANES

Julio 2012

En los últimos diez años, la legislación de extranjería española ha sido objeto de reiteradas reformas, empujadas por el inesperado flujo de inmigración al país, inmigración oriunda de distintos continentes que ingresaron en diferentes circunstancias y condiciones de acceso, algunos en forma irregular (en especial entre los años 2000/2006), otros solicitantes de asilo y un flujo importante de estudiantes que luego decidieron quedarse, y posteriormente el ingreso de los familiares de toda este flujo migratorio que fueron reagrupados ya sea de forma regular o irregular.

Este movimiento humano despertó la alarma de la administración española que debió poner manos a la obra y atender esta situación inesperada con sus distintas problemáticas personales.

La situación superaba a la legislación del momento, la estructura administrativa, y el importante déficit de funcionarios competentes en la materia.

Todo este contexto impulsó a los legisladores a una carrera de adaptación y reforma a la legislación de extranjería nacional, dando origen a la siguiente secuencia legislativa en materia de extranjería a partir del año 2000 con la Ley Orgánica 4/2000 de 11 de Enero, sobre derechos y libertades de los extranjeros en España y su integración social, legislación que fue considerada progresista y de referencia para todo Europa en materia de inmigración, extranjería e integración social.

Desde el año 2000 la legislación de extranjería sufrió cinco reformas, la primer se produce a través de la Ley 8/2000, de 22 de diciembre, posteriormente con la Ley 11/2003, de 29 de septiembre e inmediatamente fue reformada por medio de la Ley 14/2003, de 20 de noviembre, ya en el año 2009 fue necesaria una reforma profunda con la Ley 2/2009, de 11 de diciembre y la Ley 10/2011, de 27 de Julio.

La primer reforma fue aprobada con un importante déficit de legitimidad a pesar de ser un importante avance legislativo y el producto de una decisión política unilateral del gobierno de turno fundamentada en la reducción del efecto llamada por las ventajas que otorgaba la vigente que centraba su objetivo en facilitar la integración social de todos los inmigrantes, de este propósito quedan sus resquicios en el llamado procedimiento de arraigo, en sus distintas modalidades, también llamada regularización singular permanente, teniendo en cuenta que es el producto de la preocupación del legislador (en aquel momento) por brindar las herramientas necesarias, en especial, al inmigrante que se encontraba en el país de forma irregular, para que pudiese contar con los mecanismos y técnicas necesarias para regularizar su situación y facilitar su integración social.

Esta norma fue aprobada bajo el voto de todos los grupos parlamentarios, menos el del gobierno de turno, en especial con la mayoría absoluta del partido popular.

Paulatinamente a través de las distintas reformas de la ley, en los últimos 10 años, fueron sucediéndose importantes reconocimientos de derechos y libertades a los extranjeros y restringiendose otros, en una constante contradicción entre la ley y la práctica en los distintos procedimientos de autorización.

Restringiendo derechos esenciales como el de reunión, manifestación, asociación, sindicación y huelga que sólo les eran reconocidos a los extranjeros residentes (en su redacción originaria se le reconocía a todos los extranjeros que se encontrasen en España), postura en la que el legislador pone en peligro estos derechos protegidos constitucionalmente y los instrumentos internacionales, sin distinción de su situación administrativa como regular o irregular, teniendo en cuenta que se trata de una sociedad democrática, situación zanjada ya con la reforma realizada con la LO 2/2009, 11 de Diciembre que adapta la legislación de extranjería a la doctrina constitucional de las distintas sentencias del tribunal.[1]

Asimismo también fueron objeto de restricciones las prestaciones y servicios sociales que originariamente se concedía a toda persona en situación de riesgo o vulnerabilidad sin tener en cuenta su situación administrativa, sólo debía estar empadronado, hoy quedaron reservadas para los extranjeros con autorización de residencia y otras exigencias más y los nacionales.

El procedimiento de arraigo como elemento de regularización singular y permanente a todo aquel extranjero irregular con cinco años de permanencia en España, fue limitándose progresivamente en el tiempo y con mayores exigencias, aunque con menos tiempo.

Inicialmente la ley contemplaba el arraigo como un beneficio para aquellos extranjeros que acrediten una permanencia continuada de dos años, posteriormente fue reglamentado restrictivamente solicitando cinco años de permanencia continuada y tres para aquellos con posibilidad de incorporarse al mercado laboral y posean vínculos con familiares residentes o españoles.

Finalmente el Tribunal Supremo declara la

---

1   2367/2007 y 259/2007 como uno de los justificativo de la reforma legislativa.

inconstitucionalidad de 13 apartados del reglamento[2] y argumenta que siguiendo el principio de legalidad y aduciendo que éste no debe exceder a la norma que reglamenta, específicamente las limitaciones que la ley introducía en materia de reagrupación y en particular la exigencia requerida al cónyuge extranjero de convivir un año en España con el cónyuge reagrupante, para poder conceder la exención de visado, limite que ataca el principio de legalidad al requerir que el extranjero permanezca irregular en territorio español, desde entonces el derecho a reagrupar a sus familiares no exige la necesidad de estar irregular un año en España, el reagrupante debe acreditar la residencia por un año y solicitud de renovación o autorización renovada junto a otros elementos que garanticen la vivienda y medios económicos.

En cuanto a la relación entre la administración y el administrado extranjero, el tribunal se pronuncia reconduciendo a los principios y normas que rigen la relación entre la administración y los españoles, destacando el derecho de todo administrado a peticionar ante la administración y que estas sean estudiadas, anula supuestos de inadmisión a trámite, resalta la existencia de figuras legales como la subsanación o mejora de la solicitud.

En materia de inmigración irregular se incorporan medidas de lucha contra la misma acentuando un mayor rigor, imponiendo la obligación de las compañías de transporte a informar a las autoridades españolas de las

---

2   TRIBUNAL SUPREMO SALA DE LO CONTENCIOSO ADMINISTRATIVO 20/03/2003, Real Decreto 864/2001 por el que se aprueba el Reglamento de ejecución de la L.O. 4/2000 sobre derechos y libertades de los Extranjeros en España y su integración social reformada por Ley Orgánica 8/2000. *...anulamos los siguientes artículos del Reglamento de Ejecución de la Ley Orgánica 4/2000 reformada por la Ley Orgánica 8/2000: artículo 38, el inciso "pudiendo adoptarse en tales casos, como medidas cautelares, algunas de las medidas enumeradas en el artículo 5 de la Ley Orgánica 4/2000, reformada por la Ley 8/2000"; artículo 41.5; artículo 49.2 apartados d) y e) el inciso "en España"; artículo 56.8, el inciso "o de expulsión"; artículo 57.1; artículo 84.2; artículo 84.6; artículo 117.2; artículo 127.2.c; artículo 130.2; artículo 130.6; artículo 136.3; artículo 138.1.b en el inciso "o en el interior del territorio nacional en tránsito o en ruta"*

personas que pretenden viajar a España antes de salir de su país de origen.

En septiembre de 2003 la reforma por la ley 11/2003 establece medidas en las distintas materias como las de seguridad ciudadana, violencia doméstica, integración social de los extranjeros, medidas que surgen del plan general de lucha contra la delincuencia presentado por el gobierno popular en aquellos momentos; inmediatamente la LO 14/2003 realiza las principales reformas en materia de arraigo dejando su referencia casi indeterminada.

La antigua cédula de inscripción se incorpora la exigencia para su concesión que el extranjero acredite dos situaciones: la imposibilidad de documentarse y razones humanitarias en forma conjunta, exigencias difíciles de que coincidan, pudiendo ocurrir que un extranjero no logre documentarse y no pueda presentar razones humanitarias o viceversa.

En el campo de violencia domestica o de género se dan los primeros pasos de protección a las extranjeras víctimas de violencia domestica, facilitando la residencia independiente del reagrupante desde el dictado de la orden de protección.

En cuanto a la inadmisión a trámite sin valorar sus hechos y argumentos, fue objeto de planteo de inconstitucionalidad, al igual que en los casos en que un extranjero se encuentre con un procedimiento de expulsión abierto y pretenda solicitar residencia, situación que anteriormente podía ser motivo de inadmisión a trámite atacando el derecho de presunción de inocencia y tutela judicial efectiva, solventándose estas dos situaciones.

En materia procedimental en los distintos procedimientos de extranjería fue agilizada la tramitación administrativa en materia de extranjería simplificando el visado con la concesión del mismo que permita entrar y residir o residir y trabajar, desde entonces ya no sólo se puede entrar también permanecer en España.

Es en el año 2009 cuando se produjo una reforma profunda de la Ley Orgánica 4/2000 de 11 de enero, con la Ley Orgánica 2/2009, de 11 de diciembre, pasando a ser la reforma más amplia de los últimos años, al punto de significar un nuevo Reglamento de Extranjería el RELOEX 557/2011 de 20 de Abril.

Esta reforma es vital en la regulación de extranjería española siendo la oportunidad para ajustar la legislación a dos importantes directrices, a la normativa de la Unión Europea trasponiendo las directivas reguladoras de la materia y acomodar la legislación de extranjería a la Jurisprudencia del Tribunal Constitucional en especial las sentencias dictadas en el 2003 y 2007[3] (sobre derecho de manifestación, asociación, reunión, sindicación, huelga, educación y justicia gratuita).

Oportunidad en que se incorpora una adaptación de la legislación a la realidad del flujo migratorio del momento planteando nuevos desafíos en la materia en especial la integración del inmigrante a la sociedad de acogida a través del nuevo artículo 2 ter LOEX 4/2000.

Contradictoriamente a la evolución legislativa mundial en materia de derechos fundamentales, específicamente el Pacto Europeo sobre inmigración y Asilo de octubre de 2008, el Convenio nº197 del Consejo de Europa sobre la lucha contra la trata de seres humanos de 2005, la Carta de los Derechos Fundamentales[4] hoy de aplicación obligatoria, entre otros instrumentos.

Surge de la lectura de esta última reforma, un incremento

---

[3] La sentencia resuelve 1º declarar la inconstitucionalidad, con los efectos que se indican en el fundamento jurídico 17, en los art.7.1, 8 y 11.1 ..derecho a sindicarse ..de la LOEX 4/2000 en la redacción de la LOLYDE 8/2000.

2º Declarar inconstitucional y nula la inclusión del término "residentes" en los arts. 9.3 y 22.2 de la LOEX 4/2000 redacción de la LOLYDE 8/2000.

3º Declarar que nos es inconstitucional el art. 60.1 de la LOEX 4/2000 interpretándose según el fundamento jurídico 15 de esta sentencia.

[4] (2000/C 364/01)

alarmante en la diferencia de trato entre la inmigración regular y la irregular.

Una disposición importante es el registro de control de entradas y salidas y nueva numeración de visado.

Sólo 13 artículos de la ley no fueron objeto de modificación, el resto fue reformado en mayor medida, otros inclusive fue alterada su redacción, es así que alrededor del 80% de la ley fue objeto de modificación, incorporando a la misma 9 artículos.

En materia de principios rectores de la inmigración, es el nuevo art. 2bis que determina la igualdad de género, la no discriminación y acentúa la lucha contra la inmigración irregular. El art.2 ter. Incorpora los lineamientos para la integración de los inmigrantes y su participación en la sociedad española.

En su art.7 reconoce el derecho de reunión a los extranjeros en iguales condiciones que los españoles suprimiendo la exigencia de ser residente.

Se incorpora el artículo 25 bis el que establece el detalle de los tipos de visados,   reglamentariamente clasificados en, visado de transporte aeroportuario, visado de estancia, visados de residencia, visado de trabajo y residencia, visado de residencia y temporada, visado de estudio y visado de investigación.

Son ampliados importantes derechos, destacando el de la educación[5] que es extendido hasta los 18 años, para aquellos extranjeros irregulares y garantizando la continuidad a quienes estén irregulares y cursando una formación.

Establece el derecho de acceder al sistema público de ayuda en materia de vivienda[6] en los términos establecido por ley

---

5   Art. 9.1 LOEX 4/2000 sobre derechos y libertades de los extranjeros en España y su integración social.
6   Art.13 LOEX 4/2000 sobre derechos y libertades de los extranjeros en España y su integración social.

y los residentes de larga duración en iguales condiciones que los españoles, reconoce el derecho al sufragio en las elecciones municipales a los extranjeros residentes.

La asistencia jurídica es aplicable a toda persona, más allá de su situación administrativa eliminando la exigencia de residencia para obtener el beneficio.

En materia de Reagrupación Familiar es plasmado un importante reconocimiento al cónyuge reagrupado a quien desde entonces es autorizado a trabajar, a los descendientes del reagrupante se les concede el derecho de trabajo automáticamente con la mayoría de edad.

Es introducido un importante reconocimiento a los cónyuges reagrupados que podrán solicitar la residencia en forma independiente del reagrupante, en especial en los casos de violencia de género.

Se hace especial mención a los menores no acompañados en el art. 35 con una mayor protección, con prioridad en el interés superior del niño siguiendo el principio establecido por la Convención Sobre los Derechos del niño.

En cuanto a las autorizaciones de trabajo pasan a expedirse en forma conjunta con la residencia pasando a ser competencia de las comunidades autónomas la autorización de trabajo que es condicionada su validez al alta ante la seguridad social.

En cuanto a la situación nacional de empleo, hacen partícipes a las comunidades autónomas, estableciendo el catálogo de ocupaciones de difícil cobertura de forma regional, sólo puede autorizarse aquella solicitud de trabajadores que se encuentren en el catálogo o las excepciones contempladas en la ley.

Aparece un régimen especial para investigadores y trabajadores altamente cualificados trasponiendo la directiva relativa a las condiciones de entrada y residencia de nacionales de terceros países que pretendan ocupar puestos de trabajos altamente cualificados, "Blue Card."[7]

La tramitación de los distintos procedimientos de extranjería se gravan con unas tasas por la mera tramitación ya no con la autorización.

En materia de faltas, éstas se agravan en algunos casos y se hace una nueva clasificación de las mismas, hecho que nuevamente refleja la lucha contra la inmigración irregular.

En cuanto a las expulsiones[8] de los extranjeros irregulares se establecen nuevos supuestos y medidas cautelares, asimismo dispone un periodo de entre 7 y 30 días para que el extranjero abandone voluntariamente el país y se extienden a 60 días los internamientos, prorrogables éstos.

Es así, que la evolución de la legislación en estos últimos 10 años fue avanzando y contradiciéndose, cuando la Unión Europea en forma paralela luchaba por concretar el reconocimiento y respeto por los grandes derechos fundamentales a través de los tratados y convenios y a través de las distintas y sucesivas reformas fueron recogiéndose de forma paulatina y perezosa los derechos básicos o universales de las personas y en particular los inmigrantes, de forma impuesta por el ordenamiento Unión Europea, el tribunal Constitucional.

Reconocimientos que reglamentariamente son frenados a través de la imposición de requisitos o exigencias documentales y procedimentales que desvirtúan la ley, exigencias tales como la obligación de contar con un contrato para regularizarse, o que el empleador no posea deuda con la administración, o condicionando la concesión de una autorización de trabajo al pago de la tasa del empleador.

Actualmente, con la práctica es destruido el sentido de la

7   Directiva 2009/50/CE del Consejo de 25 de mayo de 2009.
8   Art. 63 bis LOEX 4/2000 sobre derechos y libertades de los extranjeros en España y su integración social.

ley al prolongar un expediente de solicitud de trabajo a seis meses para su resolución positiva o negativa.

Al mismo tiempo los reconocimientos de residencias por razones humanitarias por enfermedad sobrevenida, contemplados como circunstancias excepcionales, caen por si mismos al prolongar su resolución a seis meses para considerar si son concedidos o no.

Cuando se trata de extranjeros progenitores de descendientes menores de nacionalidad españoles, progenitores con antecedentes penales no se les concede la residencia hasta la prescripción y cancelación del antecedente, circunstancia que excluye socialmente a su propio ciudadano, puesto que el menor depende de su progenitor para su buen desarrollo integral, contradiciendo lo establecido constitucionalmente al imponer a los poderes públicos el velar por el buen desarrollo integral del menor y la familia.[9]

Mientras los expedientes de los extranjeros sean números o puzzles y no sean tratados en forma individualizada no se lograrán los objetivos perseguidos por la originaria Ley Orgánica 4/2000 que nació con el claro objetivo de facilitar la integración social del inmigrante para una gran cohesión social en pos de la paz mundial y respeto de los derechos fundamentales del ser humano.

Sólo lograremos la inserción, integración o asimilación social si reconocemos que como sostiene el filósofo y político exiliado Ramin Jahanbegloo.

"...El DIÁLOGO intercultural instrumento necesario para poder gestionar esta sociedad multirracial, plurirreligiosa y multicultural que es hoy el mundo globalizado.

La cultura de la democracia es inseparable del diálogo

9   Articulo 39.1 CE los poderes públicos aseguraran la protección social, económica y jurídica de la familia. 2 Los poderes públicos aseguraran, asimismo, la protección integral de los hijos, iguales estos ante la ley con independencia de su filiación, y de las madres, cualquiera que sea su estado civil.

intercultural.

La guerra es demasiado importante para dejarla en manos de los generales, el diálogo entre las culturas es demasiado importante para ser un dominio exclusivo de Políticos y diplomáticos. Un diálogo intercultural interrumpido puede cambiar el planeta, el paso de un mundo cerrado de certidumbres a un mundo infinito de interrogantes".

EMPADRONAMIENTO Y DOMICILIO, TIPOS, UTILIDADES, DIFERENCIAS Y SU RELACIÓN CON EL EXTRANJERO EN ESPAÑA

Por: CATALINA MAGALLANES
JACOBO PREGITZER ZERPA

Agosto 2012

El hecho de migrar es una circunstancia que trae aparejada un proceso de adaptación y aprendizaje de nuevas costumbres y normativas del nuevo país, de las ciudades y distintas localidades, así como del funcionamiento de sus administraciones que en ocasiones pueden diferir de las conocidas por el sujeto en su país de origen.

Dentro de ese proceso la gran mayoría de los extranjeros desconocen, bien por falta de información en la sociedad de acogida o bien por la inexistencia de una institución de ese tipo en su país de origen, del hecho de empadronarse, no obstante la mayoría de las veces logran por recomendación de las personas que conocen al llegar la necesidad de realizar dicho trámite.

Pero sorprendentemente los extranjeros en España al iniciar su proceso de regularización confunden o asimilan el empadronamiento con la figura de domicilio, siendo en realidad conceptos e instituciones con funciones diferentes aunque en ocasiones encuentren relacionados.

El Empadronamiento

Es un acto administrativo a través del cual la persona natural que decide establecerse en una determinada población, se encontrará obligada[1] a registrarse en el ayuntamiento del lugar, y por medio de este acto se constituye oficialmente en vecino de dicha población, quedando inscrita en un registro administrativo denominado Padrón Municipal,[2] por lo tanto, el empadronamiento deriva del lugar específico de residencia, aunque en materia de extranjería viene hablándose más de "domicilio habitual", el padrón municipal refleja circunstancias de hechos no de derecho, por lo tanto la inscripción en el padrón municipal no es un ningún medio de prueba de residencia legal, lo sería en su caso solo de estancia.

Por medio del empadronamiento se establece competencia a múltiples efectos, este acto es categórico en la competencia de las distintas oficinas que prestan servicios públicos de salud, educación obligatoria, hacienda pública, seguridad social, oficina de extranjeros para las solicitudes de autorización de residencia, reagrupaciones familiares, en la Administración de tránsito para el canje del carnet de conducir, en Registros Civiles para trámites de nacionalidad e inscripción de nacimientos, entre otros.

En el caso de extranjeros no comunitarios sin autorización de residencia permanente, es decir aquellos con residencia temporal por cualquier causa y extranjeros en situación administrativa irregular, deben renovar su empadronamiento periódicamente (cada 2 años), de lo contrario la administración puede declarar de oficio la caducidad de esa inscripción o como comúnmente se conoce Dar de baja, sin un trámite de audiencia previa, a contrario sensu, aquellos nacionales españoles, extranjeros con residencia permanente, o extranjeros bajo el régimen comunitario no deben efectuar periódicamente dicha

---

1   Artículo 15, Ley 7/1985, de 2 de abril, de Bases de Régimen local.
2   El Padrón Municipal es una institución principalmente de naturaleza estadística y, como tal, una herramienta para el diseño de las políticas municipales y la planificación y el dimensionamiento de los servicios que los Ayuntamientos deben prestar, en lo relativo a la extranjería se convierte en un elemento de prueba para el extranjero de su estancia en un determinado lugar.

renovación, sin embargo, todos han de actualizar los datos que hubieran modificado en el registro del padrón municipal, lo cual si bien no es una obligación es algo que repercute favorablemente en algún trámite a realizarse a posteriori.

Tipos de empadronamiento

El empadronamiento en si constituye uno solo, sin embargo puede variar (en algunas comunidades autónomas) se acepte empadronarse sin domicilio fijo, variando este tipo en que no existe una dirección en específico donde asentar el registro del padrón municipal, pero si se registra a los efectos de determinar que esa persona se encuentra en determinada localidad, para este tipo de empadronamiento existen instituciones que emiten un certificado con el cual posteriormente puede irse al ayuntamiento a empadronarse, por el contrario el empadronamiento con domicilio fijo, el cual es el más común, se realiza generalmente llevando adicionalmente de la documentación identificativa del extranjero, la escritura de propiedad o contrato de alquiler del inmueble donde esté el extranjero viviendo, o autorización del propietario o arrendatario de ser el caso.

Por otra parte encontramos otras variantes del padrón municipal, los cuales son el padrón Histórico y el certificado de convivencia, el primero nos indicara el tiempo de permanencia del sujeto en un determinado lugar, en ocasiones puede incluir información de otras estancias en otros lugares que hubiera vivido y hubiere estado empadronado, aunque esto no es taxativo.

El segundo, es decir, el certificado de convivencia, de acuerdo al registro del padrón municipal nos indicará cuantas personas se encuentran empadronadas en un determinado sitio (inmueble), el cual podrá justificar la convivencia entre 2 o más personas, relevante especialmente en lo que a núcleos familiares se refiere.

Domicilio

Es el lugar físico (territorial) donde reside y que debe poseer una persona (natural o jurídica) para el cumplimiento de sus deberes, sus obligaciones y poder ejercer sus derechos; lugar físico donde puede ser hallado a los efectos de las comunicaciones judiciales, administrativas y privadas, de acuerdo al código civil el domicilio es el lugar de su residencia habitual, y en su caso, el que determine la Ley de Enjuiciamiento Civil (LEC).[3]

En base a esto, en el caso de las comunicaciones de procedimientos judiciales o administrativos con consecuencias legales, en España se tienen en cuenta varios domicilios: el domicilio en el que se encuentra empadronado, el domicilio personal o incluso el del local arrendado o de propiedad. En lo referente a procedimientos judiciales el artículo 155 amplia la noción de domicilio, en la cual puede designarse uno distinto al que figura en el padrón municipal, igualmente en materia de procedimientos administrativos, en la cual encontramos el artículo 59 e la Ley 30/1992, de 26 de Noviembre, que establece que "en los procedimientos iniciados a solicitud del interesado, la notificación se practicará en el lugar que éste haya señalado a tal efecto en la solicitud", una previsión normativa que se refuerza con la necesidad, que deviene del artículo 70 de la misma ley, de hacer constar el lugar o medio preferente de notificación en las solicitudes de inicio.

La ley también crea otros tipos de domicilio, como el fiscal establecido en el artículo 48 de la Ley 580/2003, de 17 de Diciembre, General Tributaria, el cual para las personas naturales o físicas es el lugar donde tengan su residencia

---

3   Artículo 40 Código Civil.

habitual, existiendo una obligación de comunicar un domicilio y los cambios que hubiere; iguales obligaciones las encontramos en otro tipo de domicilio, para el caso de titulares de un permiso o licencia de conducción, el cual se establece mediante el artículo 18 del Reglamento General de Conductores aprobado por Real Decreto 772/1997, de 30 de mayo, y así como cualquier domicilio que establezcamos cuando realizamos un trámite ante cualquier administración pública.

Como se evidencia, se puede ser titular de distintos domicilios a la vez, el domicilio personal, fiscal, o incluso un domicilio laboral o el profesional suscrito oficialmente en los registros o colegios profesionales, así como otros para notificaciones tanto de naturaleza administrativa, judicial como privada.

Domicilio y empadronamiento y sus relaciones

El empadronamiento y el padrón municipal es una figura para personas naturales, en cambio el domicilio puede ser tanto para personas naturales como jurídicas.

Es habitual que el extranjero confunda empadronamiento con domicilio, particularmente en los casos relacionados a las notificaciones de los trámites o procedimientos administrativos ante las distintas administraciones públicas, por ejemplo, solicitudes de procedimientos de regularización a los efectos de las distintas autorizaciones de residencia en España o inclusive del trámite de la nacionalidad, como se dijo previamente.

Es de destacar las distintas situaciones en que se pueden encontrar los extranjeros, se puede estar empadronado en un determinado lugar, el cual puede ser su domicilio habitual (personal) y ser su único domicilio, coincidiendo de esta manera ambos.

También puede encontrarse la persona empadronada en

un determinado domicilio (personal) y simultáneamente poseer un domicilio para las comunicaciones privadas (cartas personales y familiares) y otro domicilio laboral o profesional donde se le notificará de todo lo relacionado su actividad. Inclusivo, pueden presentarse otras situaciones con frecuencia como las siguientes: se puede estar empadronado en su domicilio familiar, y ser titular de un domicilio profesional, pero ordenar que las comunicaciones (notificaciones) sean recibidas en un apartado postal.

El domicilio no está ligado necesariamente al empadronamiento, las personas son libres de moverse y establecer su domicilio a los fines de comunicaciones administrativas, judiciales y personales, en el lugar o apartado postal más cómodo o conveniente.

Ambas cosas resultan al final obligatorias, el domicilio puede ser uno o varios en forma simultánea, el empadronamiento es único, aunque ambos pueden coincidir también en una misma dirección.

A fines de ser notificado o recibir correspondencias de parte de la administración el ciudadano está obligado a dejar un domicilio para recibir las notificaciones, pudiendo designar cualquiera de los mencionados precedentemente y no existe obligación alguna que sea la dirección donde se encuentre empadronada.[4]

---

4   Esta circunstancias fue suprimida mediante el Real Decreto 523/2006, de 28 de abril, por el que se suprime la exigencia de aportar el certificado de empadronamiento, como documento probatorio del domicilio y residencia, en los procedimientos administrativos de la Administración General del Estado y de sus organismos públicos vinculados o dependientes.

EU CITIZENS, RIGHT OF RESIDENCE AND RESTRICTIONS IN SPAIN

By: JACOBO PREGITZER ZERPA

Octubre 2012

The citizens of the member states of the European Union and the European Economic Area Agreement in regard their conditions of entry and residence, are regulated by the community regime projected from the EU, in its application in Spain as a result of the implementation of that system is through the Real Decreto (Royal Decree) 240/2007, of 16 February, which in recent months has undergone reforms that have restricted the rights of residence of EU citizens in Spain as well as their families members.

Since the entry into force of Real Decreto-Ley (Royal Decree-Law) 16/2012, of 20 April, about urgent measures to ensure the sustainability of the national health system and improve the quality and safety of their services, better known as health care reform, in referring to citizens of the European Union through the fifth final provision of the reform modifies the parameters for obtaining the registration certificate of the Union citizen whom are established in Article 7 of the Real Decreto (Royal Decree) 240/2007, providing ways to obtain the residence permit in Spain for those EU citizens who wish to stay longer than three months in Spanish territory, which is called Certificate of Registration as a citizen of the Union (Certificado de Registro de Ciudadano de la Unión).

¿What is the Certificate of Registration of Citizens of the Union? It is a document issued by the General Direction of the Police and Civil Guard in which is stated that a citizen of the European Union has been registered in the Central Register of Foreigners, stating your details and giving the Foreigner Identification Number, better known as NIE.

This regulatory change which in turn literally equates the directive from which emanates the right of all countries of the Union in this area, is appears that the requirements for obtaining the mentioned certificate are clearly more complex, derived from the current process of Spanish government reforms in which the citizens of the Union who want to stay in Spain for more than three months should prove one of the following conditions for obtaining the mentioned certificate:

Being a worker in Spain (can be proved with a statement of engagement from the employer or employment certificate including data of the employer, also with an employment contract registered in the Public Employment Service or a communication of such recruitment and their conditions through the platform contrat@. Or a document of sign up or equivalent situation in the corresponding social security regime).

Being self-employed in Spain (can be proved with any of these documents: enrollment in the census of economic activities, commercial registration, sign up or equivalent situation in the corresponding social security).

If you are not employed in Spain must demonstrate therefore sufficient resources for themselves and their family members by property titles, checks, bank certificates and other documentation. This is according to the newsletter of the foreign office according with the directive 2004/38/EC to avoid becoming a burden on the social assistance system of the host Member State (Spain) during their period of residence. To this should provide a public health insurance or private equivalent to the Spanish national health system, in case of pensioners have a certificate of health care from the state for receiving the pension.

Being a student and be enrolled in a public or private educational institution accredited or financed by an education authority, in this case must also provide a health insurance and responsible for having a statement of funds for himself and his family, must also be submitted the enrollment or documentation that proving the participation in a program of the European Union (Erasmus, Socrates, and others such as student or teacher).

Relatives (spouse, a partner as registered partnership, direct descendants who are under the age of 21 or elderly dependents and direct ancestors of his o her spouse or partner, the dependent direct relatives in the ascending line and those of the spouse or partner) must submit the documents that establish the link with the Union citizen and economically dependent on it, and the documentation attesting that is self-employed, employed, or who have sufficient means as stated, and the health insurance.

If the EU citizen meet these requirements, that every day is assimilated more and more to the system of non-EU foreigners, after pay the prescribed fee, the UE Citizen will obtain a Certificate of Registration of Citizens Union, although it should be noted that the document is a paper card format that by itself does not serve to establish an identification if it is not accompanied by the id card of the country of origin or passport, however maintained the same drawbacks, but in a more practical size of previous Certificate of Registration, which was issued on a sheet of A4 paper, unlike the vast majority of European countries that give to citizens of the union a valid identity document to identify and fully able to use it for everyday situations.

In the case of students, by example the Erasmus, there is no major difficulty, but for the European immigrant under other features certainly have more restrictions to access to the residence permit that is limited to their status or quality as a worker.

It may be understood that under the current unemployment situation prevailing in Spain and the problems generated by the health tourism of the citizens Union make these reforms a protection of the spanish state, as measures to protect the Spanish welfare state, nonetheless these kind of measures have turned restrictive for the basic rights of Union citizens in Spain and an for the principles that the Spanish government decided to accept once and now it seems that they don't care, although under the principle of reciprocity the Spanish citizens have no such restrictions in EU state members.

Meanwhile, it should be remembered that in addition to obtaining the certificate of residence, the citizens of Romania receive a residence permit without a work permit, this practically forbids these citizens to be more than three months in Spanish territory. The mentioned requirements are for all EU citizens including a work authorization, but in the case of the Romanian citizens, they have to obtain the work permit with another administrative procedure; and in the case of Autonomous communities (regional governments) with competence for work authorizations (as Catalonia) the situation is even worse, given that Romanian population in Spain with links of two or even three generation due to Romanian immigration in Spain that dates back more than two decades.

In the case of citizens of the Union that already being in Spanish territory and have previously obtained a certificate of registration as a citizen of the Union, can hardly be of applicability of these situations, although precisely within these legal loopholes is where we found arbitrary situations, especially in the case of a citizen who has lost his certificate, when they have to apply for a new one, surprisingly the process to get it is like an initial procedure because there is no renewal procedure.

For family members of an EU citizen in Spain that has no nationality of one of these countries, the procedure for obtaining authorization of residence is equally complex, having to prove the link with the citizen of the European Union and documentation that prove that the person live under charge of the UE citizen relative, so the main requirements are those relating to economic resources which are not clearly defined in law or instructions of foreigners office, therefore depends on the discretion of each region where the procedure takes place, that being an individualized study wich becomes an element of uncertainty for the whole person when it should be the opposite.

Finally, EU citizens and their family members should keep in mind all these situations whenever they want to settle in Spain for a period exceeding three months, and know that the current government as well as many Spanish regions with competence for work permits are restricting the rights of EU citizens and gradually the Community system has a thinner line of difference with general regime, that beyond the idea of a common area called Europe and Europeans, still wish to make feel the Union citizens as aliens, creating different levels of European immigration in Spain and securing a strategic restriction of the right to residence because right now they cannot restrict entry, just in this moment when Spain begins with high emigration rates, so we only have to wait if their European neighbors will set the same requirements to them.

REQUERIMIENTO: EL DERECHO DEL ADMINISTRADO A SUBSANAR LA FALTA O ERROR EN EL EXPEDIENTE

Por: CATALINA MAGALLANES

Diciembre 2012

La administración pública Española atiende un volumen importante de extranjeros en sus distintas necesidades consecuentes del proceso de inserción a la nueva sociedad de acogida, trámites de empadronamiento, diferentes autorizaciones de estancia, residencia y trabajo, entre otras.

Específicamente los procedimientos de extranjería llevados por oficinas puntuales que atienden tramites solicitados por extranjeros, distintas solicitudes como es el caso del "arraigo en sus distintos tipos", sorprendentemente nos encontramos con situaciones, como el caso de Barcelona, en que la administración se atribuye facultades que sobrepasan lo establecido legalmente, pudiendo frenar un trámite por la falta de alguna documentación al inadmitirlo a trámite y en contra de los establecido por la ley de procedimiento administrativo.

Esta situación agrede los derechos del administrado –extranjero-, al verse en la disyuntiva entre sí ingresar o no la documentación, porque en el caso de ingresarlo la administración inadmite a trámite y el administrado pierde toda la documentación, o no presentar los documentos y volver a pedir cita, cualquiera de estas dos opciones, significa esperar un tiempo importante con el riesgo que se venzan los documentaciones que según el país de origen tienen un costo de tiempo y económico.

El realizar un trámite como el caso del arraigo en cualquiera de sus tipos, significa para el extranjero un tiempo de cuatro a seis meses de recogida de documentación y un costo económico importante, en particular los antecedentes penales del país de origen documento imprescindible para la tramitación del arraigo, que según el país de origen del extranjero se demora más o menos, pero nunca menos de un mes.

Indagando la legislación administrativa española, especialmente la norma rectora del procedimiento administrativo en general[1] y en especial el procedimiento en extranjería,[2] nos encontramos con que a nivel de extranjería el órgano administrador competente, subdelegación de gobierno de la comunidad autónoma, en sus distintas oficinas de extranjeros, administrando los distintos procedimientos de regularización de las distintas situaciones de permanencia de los extranjeros, en base a sus criterios internos se atribuye competencias que sobrepasan y agreden derechos fundamentales del administrado, en este caso el extranjero.

La administración debe regirse y actuar en aras del principio de eficacia para los administrados respetando celosamente la legislación y fundamentalmente los principios rectores de una buena administración propia de un estado de derecho.

Puntualmente, en lo referente a la administración de la que nos toca hablar hoy, nos encontramos que el derecho

---

1   Ley 30/1992, de 26 de noviembre, de régimen Jurídico de las administraciones publicas y del procedimiento administrativo.

2   Real Decreto 557/2011, de 20 de abril, por el que se aprueba el Reglamento de la Ley Orgánica 4/2000, sobre derechos y libertades de los extranjeros en España y su integración social.

a subsanar el expediente por falta o deficiencia de un documento,[3] es un derecho propio del administrado, que sabiamente el legislador estableció un plazo prudencial para que el administrado pueda corregir la falta o error y no perder el expediente y en estos caso las citas, las cuales en muchas ocasiones se demoran meses.

El administrado –extranjero- posee un plazo de diez días para subsanar la falta o error del expediente, o en cualquier momento de la sustanciación del proceso la propia administración debe comunicar al interesado de cualquier falta o error y concederle un plazo de diez días para enmendarlo.

Los procedimientos de las distintas solicitudes de extranjería en España, según establece la Disposición adicional segunda del reglamento de extranjería,[4] dispone que la normativa aplicable a los procedimientos no previsto en materia de procedimientos en el Reglamento de extranjería debe regirse por lo dispuesto en la Ley 30/1992, de 26 de noviembre, del procedimiento administrativo común y en su normativa de desarrollo, en especial la motivación en las resoluciones denegatorias de las autorizaciones.

En la práctica diaria los extranjeros se encuentran con que el órgano administrador de los distintos procedimientos de regularización de permanencia en España, precisamente las oficinas de extranjeros, se atribuyen prerrogativas que sobrepasan los límites establecidos por la legislación referida precedentemente, como es el caso del derecho a subsanar el expediente ante una falta o error de documentación.

La normativa reguladora de los distintos procedimientos determina que tramites pueden ser rechazados (inadmitidos a tramites) precisamente en la disposición adicional cuarta

---

3   Artículos 71 y 76 de la Ley 30/1992, de 26 de noviembre, de régimen jurídico de las administraciones publicas y del procedimiento administración común.

4   Real Decreto 557/2011, de 20 de abril, por el que se aprueba el Reglamento de la Ley Orgánica 4/2000, sobre derechos y libertades de los extranjeros en España y su integración social.

de la Ley Orgánica,[5] disposición que establece en qué casos no se admitirá la solicitud a trámite, entre otros, falta de legitimidad del solicitante, o conste un procedimiento sancionador del que pueda derivar una expulsión del extranjero, sorprendentemente nos encontramos que en este último caso, aunque esté determinado expresamente, los tramites igualmente son admitido y resueltos favorables.

Pero en innumerables situaciones nos encontramos con casos en que expresamente no está prohíba su admisión a trámite, el funcionario rechaza el tramite sin consideración alguna omitiendo gravemente la disposición que establece el derecho del administrado a subsanar el expediente.

Situaciones graves son aquellas donde por demoras injustificadas de la propia administración (no emisión del informe de inserción o arraigo) aunque la ley conceda la posibilidad de ingresar la solicitud de arraigo, por haber pasado los 30 días en que fue ingresada la solicitud y no obtener respuesta alguna, la administración rechaza el tramite o si exigen que lo acepten lo inadmiten resultado equivalente a no favorable, atropellando los derechos del administrado que en este caso es extranjero y su situación es de vulnerabilidad ante la administración debido a que todos los reclamos y pedidos de información son difíciles, en muchos casos casi inaccesibles o excesivos en el tiempo.

Las prerrogativas de la administración, en materia de extranjería sobrepasa los límites legislativos atropellando los derechos del administrado extranjero, quien cuenta con pocos o mejor dicho ninguna herramienta de defensa en estos casos, teniendo en cuenta que los recursos contenciosos administrativos además de que deben pagarse unas tasas importantes, en Barcelona las audiencias están para el 2014.

---

5   Idem.

www.ingramcontent.com/pod-product-compliance
Lightning Source LLC
Chambersburg PA
CBHW030703190526
45164CB00004B/294